JN457511

문해력이 자라면 사회성도 자란다

읽는 힘, 소통하는 힘

심현미 저

학지사

머리말

20여 년 동안 수많은 아이를 가르치며, 그들의 성장 과정을 지켜보았습니다. 그 경험을 통해 제가 가장 깊이 깨달은 것은, 상황을 올바르게 인식하고 이해하는 능력이 아이들의 삶에 결정적인 영향을 미친다는 사실이었습니다. 상황을 제대로 이해하지 못하면 아이들은 종종 혼란에 빠지며, 두려움, 분노, 불안, 무기력 등의 부정적인 감정에 휩싸이게 됩니다. 반면, 상황을 명확히 파악하고 감정을 조절할 수 있을 때, 아이들은 침착하게 문제를 바라보고, 타인과 건강한 관계를 형성해 나갈 수 있습니다. 이러한 사회적 성장을 위해서는 문해력, 즉 글을 읽고 이해하며 자신의 생각을 표현하는 능력이 튼튼하게 자리 잡아야 합니다. 문해력은 단순한 언어 능력이 아니라, 학습과 관계의 기초가 되는 힘입니다. 특히 학령기 아동에게 문해력은 모든 교과 학습의 바탕이 되며, 타인을 이해하고 세상과 소통하는 창구이기도 합니다. 이 교재는 바로 그런 고민과 필요에서 출발했습니다. 아이들이 글을 통해 세상을 이해하고, 그 안에서 자신을 표현하며, 더불어 살아가는 힘을 기를 수 있도록 돕고자 이 교재를 만들게 되었습니다. 아이들이 일상 속 실제 상황을 마주하며 스스로 사고하고 판단하는 연습을 할 수 있도록, 이야기 구성 또한 비현실적인 설정은 지양하고 현실적인 갈등 상황을 중심으로 구성했습니다. 정답을 강요하거나 도덕적 판단을 유도하기보다, 문제를 스스로 바라보는 눈을 키울 수 있도록 하는 데 집중했습니다.

이 교재가 아이들의 문해력과 사회성을 함께 길러 주는 든든한 디딤돌이 되기를 바랍니다. 아이들이 세상을 이해하고, 사람들과 따뜻하게 소통하며 건강하게 성장해 가기를 진심으로 응원합니다.

교재 구성과 활용 방법

이 교재는 학령기 아동의 문해력과 사회성을 함께 기를 수 있도록 설계된 교육 자료입니다. 문해력이란 단순히 글을 읽는 것을 넘어, 글의 의미를 깊이 이해하고 자신의 생각을 정리해 표현하는 능력입니다. 사회성이란 상황을 인식하고 감정을 조절하며, 타인과 원활한 관계를 맺는 능력입니다. 이 두 능력은 학습뿐 아니라 건강한 사회적 관계를 형성하는 데에도 꼭 필요한 기반입니다.

• 교재 구성 안내

이 교재는 총 4권으로 구성되어 있으며, 각 권은 아이들의 이해력과 사고력을 점진적으로 향상시킬 수 있도록 단계별로 설계되었습니다.

–**1권 열어 보기**: 35편의 짧은 글을 읽고, 중심 낱말을 찾으며 내용을 이해하는 연습
–**2권 발견하기**: 30편의 더 긴 글과 복잡한 상황을 다루며, 인물의 입장과 사건의 흐름을 파악하는 연습
–**3권 탐색하기**: 35편의 짧은 이야기로 요약하는 방법과 논리적인 정리를 연습
–**4권 이해하기**: 앞서 배운 기술을 종합하여, 글의 상황을 정확히 파악하고 자신의 언어로 요약하는 연습

• 공통 학습 활동

–중심 낱말을 찾아 제목을 직접 만들어 보기
–문맥 속에서 어휘를 익히고 활용하기
–글의 흐름과 구조 파악

–자신의 경험과 연결해 생각 넓히기

–다양한 관점 수용과 공감 능력 키우기

• 활용 방법

–이 교재는 특정 연령대에 제한되지 않으며, 학령기 아동이라면 누구나 사용할 수 있습니다.

–1권부터 아이의 수준에 맞게 시작하되, 이해력과 참여도가 높아지면 다음 단계로 넘어가세요.

–교사는 질문 중심의 대화를 통해 아이가 스스로 사고하고 감정을 조절할 수 있도록 돕는 것이 핵심입니다.

–줄거리를 이야기하며 실제 경험과 연결시켜 보거나, 등장인물의 입장에서 생각해 보게 하는 활동은 사고력과 공감 능력을 자연스럽게 키워 줍니다.

생각을 이끌어 내는 지도 방법

이 방법은 아동이 글을 정확히 이해하고, 핵심 내용을 파악하며, 자신의 생각을 정리하고 표현하는 능력을 기를 수 있도록 돕습니다. 다음의 단계에 따라 차근차근 진행해 주세요.

• 1단계: 함께 읽기

1. 아동과 함께 마침표를 기준으로 문장을 나누어 번갈아 읽습니다.
2. 글 전체를 다 읽은 후에는 순서를 바꿔 다시 한번 번갈아 읽습니다.
3. 아동과 함께 한 목소리로 읽어 봅니다. (필요에 따라 생략 가능합니다.)
4. 아동 혼자 읽도록 합니다. (소리 내어 읽기 또는 눈으로 조용히 읽기 중 아동에게 맞는 방법을 선택하세요.)

• 2단계: 글의 중심 파악하기

5. 아동에게 연필을 주고 이름과 날짜를 쓰게 합니다.
6. 아동이 글에서 가장 중요한 낱말(중심 낱말) 3개를 고르도록 합니다.
7. 아동 스스로 글에 어울리는 제목을 지어 보게 합니다.
8. 연필을 받아 둡니다.
9. 선택한 낱말이 왜 중요한지 아동에게 말해 보도록 합니다.
10. 제목을 왜 그렇게 지었는지도 말해 보게 합니다.
11. 교사는 자신의 생각도 나누어 줍니다. (아동의 생각과 같을 수도, 다를 수도 있습니다.)
12. 중심 낱말과 제목을 다시 함께 읽습니다.

• 3단계: 이해 확인하기

13. 연필과 지우개를 주고 문제를 풀게 합니다. 정답이 하나일 수도 있고, 두 개 이상일 수도 있습니다. 아동이 문맥과 상황을 고려하여 가장 적절하다고 생각하는 한 가지 답을 선택하도록 지도해 주세요. 어려워할 경우, 글을 다시 읽을 기회를 최대 두 번 더 줍니다. (미리 두 번의 기회가 있다는 것을 알려 줍니다.)
    ※ 이때 문제지는 잠시 치워 주세요. 글과 문제를 동시에 보지 않도록 합니다.
14. 모든 문제를 푼 뒤, 다시 연필을 받아 둡니다.
15. 각 문제에 대해 '왜 그렇게 생각했는지' 또는 '어떻게 알았는지' 말해 보도록 합니다.
16. 글 전체를 다시 한번 훑어보게 합니다.

• 4단계: 말하기와 생각 나누기

17. 아동이 글의 내용을 요약해서 말하도록 합니다. (가능하면 영상으로 기록해 두세요.)
18. 사실에 근거해 이야기하게 지도합니다. 내용에 없는 추측이나 짐작은 멈추게 하고, 그것이 틀렸음을 알려 준 후 다시 말하게 합니다.
19. 마지막으로 아동의 생각이나 느낌을 자유롭게 말하도록 유도합니다.
20. 글의 내용을 잘 이해하고 표현한 아동에게 아낌없이 칭찬합니다.

차례

열어 보기 목차

다음 빈칸에 직접 제목을 써 보세요!

1.
2.
3.
4.
5.
6.
7.
8.
9.
10.

열어 보기 목차

다음 빈칸에 직접 제목을 써 보세요!

11. ______________________________

12. ______________________________

13. ______________________________

14. ______________________________

15. ______________________________

16. ______________________________

17. ______________________________

18. ______________________________

19. ______________________________

20. ______________________________

열어 보기 목차

다음 빈칸에 직접 제목을 써 보세요!

21.

22.

23.

24.

25.

26.

27.

28.

29.

30.

열어 보기 목차

다음 빈칸에 직접 제목을 써 보세요!

31. ______________________________

32. ______________________________

33. ______________________________

34. ______________________________

35. ______________________________

멋진 목차를 완성했네요!

학습 목표

'열어 보기'는 문해력 향상의 기초를 다질 수 있도록 구성되었습니다. 아동은 먼저 학습의 순서와 과정을 익히며 체계적인 학습을 시작할 수 있습니다.

바르게 읽기 연습을 통해 글을 정확하게 읽고, 문장의 의미를 파악하는 데 필요한 기본적인 읽기 능력을 익힐 것입니다. 또한, 의문사 이해 연습을 집중적으로 진행하여 글의 주요 정보를 빠르고 정확하게 파악하는 능력을 기르게 됩니다. 의문사 이해는 글을 읽고 핵심 내용을 파악하는 데 필수적인 요소로, 이를 충분히 익히면 질문을 정확히 해석하고 논리적으로 답하는 능력이 향상됩니다. 더불어, 중심 낱말 찾기 연습을 통해 글에서 가장 중요한 정보를 추출하는 능력을 키울 수 있습니다. 이는 글을 이해하고, 주제나 핵심 내용을 빠르게 파악하는 데 도움이 됩니다. 또한, 제목 쓰기 연습을 통해 글의 핵심을 짧고 간결하게 요약하는 방법을 배우며, 글의 전체적인 구조를 이해하게 됩니다. 글을 읽은 후, 내용을 보지 않고 생각하여 문제를 푸는 연습은 읽은 내용을 자신의 언어로 해석하고 기억하는 능력을 기를 수 있도록 돕습니다. 이 과정에서 아동은 단순히 내용을 암기하는 것을 넘어서, 문제 해결에 필요한 사고력을 키울 수 있습니다.

이러한 활동들을 통해 아동은 자기 주도적 학습의 중요성을 깨닫고, 반복 학습의 효과를 경험하며, 문해력의 기초를 탄탄하게 다질 수 있습니다. 특히, 의문사 이해 능력을 충분히 익힌 아동은 이후 더 긴 글과 복잡한 내용을 접할 때도 질문의 의미를 명확히 파악하고 효과적으로 독해할 수 있는 기반을 갖추게 됩니다. 열어 보기를 마친 후, 아동은 기본적인 읽기 능력과 중심 낱말 찾는 능력이 향상되어, 글을 보다 효과적으로 이해하는 능력을 갖추게 될 것입니다. 이로써 점차적으로 더 복잡한 내용으로 나아갈 수 있는 기초가 마련됩니다.

아이와 마주 앉기 전에

『문해력이 자라면 사회성도 자란다』의 각 이야기에는, 수업을 맡은 교사 또는 보호자가 수업 전에 읽고 수업 흐름을 이해할 수 있도록 세 가지 요소가 함께 구성되어 있습니다.

- 이 교재에 수록된 각 이야기는 아이들이 일상에서 자주 마주하는 상황을 바탕으로 구성되어 있으며, 정서적 성장과 사회성 발달을 돕기 위한 다양한 교육 활동 영역이 반영되어 있습니다. 총 13개의 활동 영역은 가족 관계, 또래 관계, 정서 조절, 공감 능력, 기본 생활 습관 등 아이의 발달 단계에 꼭 필요한 요소들로 구성되어 있습니다. 교사는 이를 바탕으로 아이의 반응을 세심하게 관찰하고 발달 수준에 맞춘 교육적 개입을 할 수 있으며, 가정에서도 자녀의 일상 행동을 이해하고 지도하는 데 실질적인 도움을 받을 수 있습니다. 또한 각 이야기 위에는 관련된 교육 활동 영역이 명시되어 있어, 주제별로 내용을 쉽게 참고하고 활용할 수 있도록 구성하였습니다.

- '숨은 뜻 찾기'는 언어를 입체적으로 이해하는 능력을 통해 이야기 속 인물의 말과 행동 이면에 담긴 의도와 감정, 태도를 추론하는 활동입니다. 즉, 겉으로 드러난 표현이 아닌 간접 표현과 맥락 속 의미를 해석하여 사회적 단서와 관계 흐름을 파악하도록 돕습니다. 따라서 '숨은 뜻 찾기'는 문해력과 더불어 해석적 사고력, 공감 능력, 어휘 확장력을 함께 기르는 고차 사고 중심의 언어 학습 활동입니다.

- '생각을 여는 지도 Tip'은 이야기 속 인물의 정서와 상황에 대한 인지적 · 정의적 이해를 바탕으로, 아동의 사고 확장과 자기 표현의 향상을 위한 교육적 안내입니다.

단순한 내용 확인이 아니라, 감정 해석, 동기 추론, 가치 판단 등의 사고 과정을 유도함으로써 아동의 고차 인지 능력과 정서적 공감 능력을 함께 발달시킬 수 있도록 구성되었습니다. 교사나 보호자는 대화를 통해 아동의 반응을 이끌어 내고, 이를 바탕으로 사고의 깊이와 표현의 폭을 확장할 수 있습니다. 이는 자기 감정 인식, 타인 이해, 사회적 상호작용 기술 등 사회정서학습(SEL)의 기초 역량을 기르는 데 효과적으로 작용합니다.

교육 활동 영역

각 이야기에는 다음과 같은 교육 활동 영역이 반영되어 있으며, 영역별로 아이의 감정 표현, 또래 관계, 가족 간 상호작용, 문제 해결력 등을 자연스럽게 키워 갈 수 있도록 구성하였습니다.

교육 활동 영역 목록

교육 활동 영역	해당 이야기 번호
가족 관계	1, 2, 4, 5, 6, 7, 8, 14, 16, 18, 19, 21, 24, 26, 28, 29, 32, 34
공감 능력	2, 9, 11, 12, 14, 15, 17, 20, 27, 28, 29
기본 생활 습관	1, 3, 5, 6, 7, 8, 10, 13, 18, 19, 32
또래 관계	3, 8, 9, 10, 12, 15, 17, 20, 25, 27, 33
문제 해결	5, 11, 13, 15, 18, 21, 22, 23, 25, 26, 29, 30, 31, 35
사회 규칙	3, 9, 10, 16, 19, 20, 24, 27, 33
의사소통	1, 17, 22, 30, 35
인지 발달	4
자기 조절	23, 31
자아 존중감	26, 33, 34
정서 조절	2, 5, 7, 9, 10, 11, 12, 13, 14, 15, 16, 18, 21, 22, 23, 24, 25, 27, 28, 29, 30, 31, 32, 34, 35
책임감	6, 13
형제 관계	4

숨은 뜻 찾기

'숨은 뜻 찾기'는 아이가 이야기 속 인물의 말과 행동을 따라가며, 말 너머의 숨은 의미를 추론하고 해석하는 과정을 통해 문해력을 자연스럽게 길러 가도록 구성되어 있습니다.

● 기본 언어학습

이야기 속에서 아이들이 낯설게 느낄 수 있는 어휘를 중심으로, 간결하고 쉬운 풀이를 제공합니다. 단어의 사전적 의미를 넘어 실제 문맥 속에서 어떻게 쓰였는지를 함께 이해함으로써, 어휘력과 문해력을 함께 성장시킬 수 있습니다.

● 표현 익히기

이야기 속 인물들의 실제 대화를 통해, 아이들이 생활 속에서 자주 접하게 되는 감정 표현 방식을 익힙니다. 표현의 의미뿐 아니라 문장의 구조와 담긴 의도까지 함께 분석함으로써, 언어이해와 소통 능력을 균형 있게 키울 수 있습니다.

● 속담

속담은 일상의 경험과 삶의 지혜를 압축한 언어로 이야기 속 상황과 자연스럽게 연결됩니다. 아이들은 속담을 통해 비유적 사고를 기르고, 사회적 맥락을 유연하게 해석하는 능력을 키워 나갈 수 있습니다.

● 관용어

관용어는 단어의 겉 뜻만으로는 의미를 알기 어려운 표현입니다. 이야기 속 인물들의 대화를 통해 아이들은 관용어를 쉽고 자연스럽게 익히게 됩니다. 이를 통해 더 세심하게 듣고, 더 풍부하게 말하는 언어 감각을 키울 수 있으며, 이는 표현력 발달의 밑바탕이 됩니다.

● 명언

짧은 문장 속에 담긴 명언은, 아이들이 삶을 바라보는 시야를 넓히고 감정과 생각을 깊이 있게 성찰할 수 있도록 도와주는 말입니다. 이야기와 연결되는 명언을 제시함으로써, 아이들이 상황 속 감정과 태도를 돌아보고, 스스로 질문하며 생각하는 힘을 기를 수 있도록 구성했습니다.

※ 이야기의 전개와 자연스럽게 연결되는 경우에 한해 선별적으로 제시하였습니다.

생각을 여는 지도 Tip

'생각을 여는 지도 Tip'은 각 이야기의 상황과 인물의 감정을 중심으로, 아이와 나눌 수 있는 대화의 방향을 제시합니다. 단순한 내용 이해를 넘어 감정 공감, 상황 추론, 생활 습관 등과 연결된 이야기를 통해, 아이의 사고력과 표현력을 함께 키울 수 있도록 돕습니다.

질문이나 화제 제안은 일상 속 자연스러운 대화 형태로 구성되어 있어, 가정이나 교실에서 부담 없이 활용할 수 있습니다. 특히 수업 도입, 감정 정리, 경험 나누기 등 다양한 교육 장면에서 효과적이며, 아이가 자기 감정을 인식하고 타인의 입장을 이해하는 연습으로 이어집니다.

부모나 교사가 아이의 말에 귀 기울이고 함께 생각을 나누는 시간은 표현력뿐 아니라 정서적 안정감과 사회성 발달에 큰 도움이 됩니다.

그림으로 열어 보기

'그림으로 열어 보기'는 수업 전 아이가 그림을 통해 상황을 유추하고, 인물의 감정을 자연스럽게 살필 수 있도록 구성된 도입 활동입니다. 짧고 집중된 대화를 통해 학습 주제에 몰입할 수 있는 분위기를 만들어 줍니다. 교사나 보호자가 아이와 함께 그림을 살펴보며 이야기 나누는 시간이, 본격적인 수업으로 자연스럽게 이어질 수 있는 연결 고리가 되어 줍니다. 예를 들어, 그림을 보며 "여기는 어디일까?" "무엇을 보고 놀이터라고 생각했니?" "왜 날씨가 추워 보일까?" "그럼 너는 더운 날씨랑 추운 날씨 중 어떤 걸 더 좋아해?"와 같이 짧고 열린 질문을 던질 수 있습니다. 아이는 스스로 생각하고 말하면서 그림 속 상황을 자기 경험과 연결하게 됩니다. 이 과정은 아이의 사고력과 감정 표현 능력을 끌어내고, 동시에 수업 주제에 대한 관심과 몰입도를 높여 줍니다. 무엇보다 중요한 것은, 정답을 유도하기보다 아이의 말에 귀 기울이며 함께 공감하는 태도입니다. 다만, 그림을 보며 나누는 대화가 지나치게 길어지거나 주제에서 멀어지지 않도록 주의해 주세요. 수업으로 자연스럽게 이어질 수 있도록, 대화는 짧고 간결하게 이끄는 것이 좋습니다.

'그림으로 열어 보기'는 아이의 관심을 열고, 수업에 집중할 수 있는 준비 시간을 마련해 줍니다. 짧은 순간이지만, 아이의 마음을 열고 이야기의 문을 두드리는 중요한 출발점이 될 수 있습니다.

활동지

열어 보기 1

교육 활동 영역

• 가족 관계

이 이야기는 지윤이가 아빠와의 관계에서 어떻게 의사소통을 하는지에 초점을 맞추고 있습니다. 이 대화는 신뢰와 존중을 바탕으로 한 가족 관계를 보여 줍니다. 지윤이의 말에 아빠는 반응을 보이며 지윤이가 스스로 활동할 수 있는 기회를 주고 있습니다.

• 기본 생활 습관

지윤이가 "그네 타고 올게요."라고 말하며 그네를 타러 가는 장면은 기본적인 생활 습관인 자기 주도성과 책임감을 표현합니다. 이 과정은 지윤이가 자기 주도적으로 일정을 계획하고, 부모에게 이를 공유하는 습관을 기르는 데 도움이 됩니다.

• 의사소통

이야기 속에서 아빠가 고개를 끄덕이는 모습을 보고, 그것이 '허락'을 의미하는 비언어적 표현임을 이해합니다. 이를 통해 말 이외의 신호도 중요한 의사소통 방법임을 배우고, 타인의 의도를 더 잘 이해하는 능력을 기릅니다.

숨은 뜻 찾기

기본 언어 학습

▶ 신나다: 어떤 일에 흥미나 열성이 생겨 기분이 매우 좋아지다는 뜻으로, 비슷한 표현에는 즐겁게, 기쁘게, 기분 좋게 등이 있다.

표현 익히기

▶ 그네 타고 올게요: 그네를 타고 오겠다는 뜻을 자연스럽게 하는 말로, '~고 올게

요'는 금방 돌아올 것을 약속하거나 알릴 때 사용되어, 일상적인 행동을 전달하는 말이다.

관용어

▶ 고개를 끄덕이다: 옳거나 좋다고 생각하거나 동의 또는 허락의 뜻으로, 고개를 위아래로 가볍게 움직이는 행위다. 지윤이가 "아빠, 그네 타고 올게요."라고 말했을 때, 아빠가 고개를 끄덕인 것은 지윤이의 말에 동의하고 그네를 타러 가는 것을 허락해 준다는 뜻이다.

생각을 여는 지도 Tip

"어른에게 먼저 말하고 움직이는 편이야, 아니면 그냥 하는 편이야?"와 같은 질문을 해 보세요. 일상에서 자신의 행동을 미리 알리는 습관은 안전을 지키고, 가족과의 신뢰를 쌓는 데 도움이 됩니다. 자신의 마음을 표현하면서도 주변과 소통하는 경험은 아이의 공감 능력과 의사소통 능력을 기르는 데 도움이 됩니다.

그림으로 열어 보기

그림을 보고 말해요

- 여기는 어디일까요?
- 오늘 날씨는 어떤 것 같나요?
- 이 놀이터에서 무엇을 제일 먼저 타고 싶나요?
- 누구랑 함께 놀고 싶나요?

열어 보기 1

교육 활동 영역: 가족 관계, 기본 생활 습관, 의사소통

년 월 일 요일 이름: ________

제목: ______________________

여기는 놀이터예요. 지윤이는 그네를 타고 싶어요.

"아빠, 그네 타고 올게요."

지윤이가 말했어요. 아빠는 고개를 끄덕여요. 지윤이는 신나게 그네 쪽으로 뛰어가요.

열어 보기 1

01 · 이곳은 어디입니까? (　　)

① 현관　② 학교　③ 놀이터　④ 도서관

02 · 누가 그네를 타고 싶나요? (　　)

① 아빠　② 누나　③ 미영이　④ 지윤이

03 · 누가 고개를 끄덕였나요? (　　)

① 누나　② 아빠　③ 형　④ 지윤이

04 · 아빠가 고개를 끄덕인 것은 무슨 뜻인가요? (　　)

① 안 된다는 뜻　② 모르겠다는 뜻　③ 다녀오라는 뜻　④ 기타

05 · 상대의 말이나 행동에 동의하거나 허락한다는 뜻으로, 조용히 고개를 위아래로 움직이는 모습을 표현한 관용어로서 지윤이가 그네를 타러 가겠다고 하자 아빠가 보인 반응은 다음 중 어느 것인가요? (　　)

① 고개를 끄덕이다　② 눈을 흘기다　③ 손사래를 치다　④ 귀를 기울이다

06 · 지윤이는 아빠에게 무엇을 타겠다고 했나요? (　　)

① 미끄럼틀　② 그네　③ 자동차　④ 시소

07 · (　　　　)가 뛰어서 가고 싶은 곳은 어디인가요?

열어 보기 2

교육 활동 영역

• 정서 조절

수영이는 받아쓰기 시험 때문에 속상했지만 엄마의 긍정적인 격려를 듣고 기분이 나아집니다. 이는 감정을 조절하는 과정의 한 예로, 실패나 실망을 경험했을 때 긍정적인 방식으로 대처하는 방법을 배우는 과정입니다. 이 이야기를 통해서 아이들에게 감정을 표현하는 방법과 부정적인 감정을 긍정적으로 전환하는 방법을 가르칠 수 있습니다.

• 공감 능력

엄마는 수영이의 속상한 마음을 이해하고, 긍정적인 방식으로 반응해 줍니다. "네 개 틀렸다."가 아니라 "여섯 개나 맞았다."라고 말하며 수영이를 격려합니다. 이야기를 통해 아이들에게 긍정적인 말의 힘과 다른 사람의 감정을 이해하고 위로하는 방법을 가르칠 수 있습니다.

• 가족 관계

엄마와 수영이의 대화는 부모가 자녀의 감정을 어떻게 돌보고 지원할 수 있는지를 보여 줍니다. 엄마는 아이가 실망했을 때 위로하고 긍정적인 시각을 가지도록 도와줍니다.

숨은 뜻 찾기

✕ 기본 언어 학습

▶ 기분이 풀리다: 좋지 아니한 기분이 누그러지다 또는 화나거나 속상했던 기분이 괜찮아졌다.

✕ 표현 익히기

▶ 여섯 개나 맞게 썼네: 기대보다 많은 것을 잘해 냈을 때 칭찬하거나 놀라서 하는

말로, '~나'는 많거나 대단하다고 느낄 때 쓰여, 기쁨이나 감탄의 감정을 함께 전달한다.

속담

- ▶ 말 한마디에 천 냥 빚도 갚는다: 상황에 맞는 지혜로운 말 한마디가 큰 문제도 풀 수 있다는 뜻으로, 엄마의 따뜻한 말 한마디에 수영이는 속상한 마음을 풀고 웃음을 되찾는다.

명언

- ▶ 긍정적인 감정은 능력을 부여하고, 부정적인 감정은 능력을 앗아 간다: 따뜻하고 긍정적인 말과 감정은 자신감을 키우고 더 잘하도록 도와주며, 부정적인 감정은 의욕과 집중력을 떨어뜨릴 수 있다는 의미로, 엄마의 긍정적인 말 한마디에 수영이는 기분이 풀리고 자신감을 되찾는다.

생각을 여는 지도 Tip

"시험을 못 봐서 속상했던 적 있니?"와 같은 질문을 해 보세요. 실수나 실패에 대한 감정을 솔직하게 표현하고, 이를 위로해 주는 말을 통해 감정을 조절하는 법을 배울 수 있습니다.

그림으로 열어 보기

그림을 보고 말해요

- 아이들은 지금 무엇을 하고 있나요?
- 앞에 앉은 아이의 표정은 어떤가요?
- 선생님은 무엇을 들고 있나요?
- 시험 볼 때 어떤 기분이 드나요?

열어 보기 2

교육 활동 영역: 정서 조절, 공감 능력, 가족 관계

년 월 일 요일 이름: ____________

제목: ______________________________

수영이는 받아쓰기 시험에서 네 개를 틀렸어요. 수영이는 속상해서 눈물을 글썽거렸어요. 엄마가 말했어요.

"와! 여섯 개나 맞게 썼네."

그 말을 듣고 수영이는 기분이 풀렸어요.

열어 보기 2

01 · 수영이는 무슨 시험을 보았나요? (　　)

① 수학시험　② 구구단　③ 받아쓰기　④ 달리기

02 · 수영이는 받아쓰기 시험에서 몇 개를 틀렸나요? (　　)

① 한 개　② 두 개　③ 세 개　④ 네 개

03 · 수영이는 받아쓰기 시험에서 몇 개를 맞았나요? (　　)

① 다섯 개　② 여섯 개　③ 일곱 개　④ 여덟 개

04 · 같은 내용이라도 말하는 방식에 따라 듣는 사람의 기분이나 반응이 달라질 수 있다는 뜻을 담고 있는 속담으로, 속상한 수영이를 엄마가 다정하게 칭찬해 주었을 때 어울리는 말은 다음 중 어느 것인가요? (　　)

① 금강산도 식후경　② 약방의 감초　③ 아 다르고 어 다르다　④ 등잔 밑이 어둡다

05 · 엄마는 왜 "와! 여섯 개나 맞게 썼네."라고 말했나요? (　　)

① 수영이가 속상해하니까　② 수영이가 노력한 것을 아니까

③ 수영이의 잘한 점을 칭찬해 주고 싶어서　④ 기타

06 · (　　　　)는 시험을 잘 못 보면 기분이 어떤가요?

07 · 수영이는 60점을 받아서 속상했는데 왜 기분이 풀렸나요?

열어 보기 3

교육 활동 영역

• 또래 관계

준수가 친구들과 함께 자전거를 타는 장면은 또래 관계 형성의 중요한 요소를 보여 줍니다. 친구들과 함께 활동하면서 협력하고 즐거운 시간을 보내는 것은 사회성 발달에 긍정적인 영향을 미칩니다.

• 기본 생활 습관

준수가 안전모와 무릎 보호대를 착용한 것은 안전을 지키는 기본 생활 습관의 좋은 예입니다. 이를 통해 아이들은 놀이 중에도 안전을 고려하는 습관을 배울 수 있습니다.

• 사회 규칙

공원에서 자전거를 타는 것은 공공장소에서의 규칙을 지키는 행동과 관련이 있습니다. 공원에서는 보행자를 배려하고, 정해진 길을 따라 달리는 등의 사회적 규칙을 지켜야 합니다.

숨은 뜻 찾기

기본 언어 학습

▶ 안전모: 공장 · 작업장 또는 운동 경기 따위에서, 머리가 다치는 것을 막기 위하여 쓰는 모자

▶ 무릎 보호대: 무릎 부위를 보호하기 위하여 대거나 두르는 도구

▶ 착용하다: 의복, 모자, 신발, 액세서리 따위를 입거나 쓰거나 신거나 차거나 하다.

관용어

- 콧노래가 절로 나오다: 기분이 아주 좋을 때 저절로 콧노래가 나올 정도로 즐거운 상태를 나타내는 표현으로, 봄날 공원에서 친구들과 자전거를 타는 준수는 기분이 좋아 저절로 노래가 나왔다.

생각을 여는 지도 Tip

"이야기에서 준수가 착용한 안전 장비 두 개만 이야기해 볼래?"와 같은 질문을 해 보세요. 즐거운 활동 속에서도 규칙을 지키고 스스로를 보호하는 습관은 안전 의식을 기르고 사회 규칙을 익히는 데 도움이 됩니다.

그림으로 열어 보기

그림을 보고 말해요

- 이 아이들은 어디에서 무엇을 하고 있나요?
- 아이들이 모두 착용하고 있는 것은 무엇인가요?
- 앞에 있는 아이는 어떤 표정을 짓고 있나요?
- 자전거를 탈 때 조심해야 할 점은 무엇일까요?

열어 보기 3

교육 활동 영역: 또래 관계, 기본 생활 습관, 사회 규칙

년 월 일 요일 이름: ____________

제목: ______________________________

따뜻한 봄이에요. 꽃이 활짝 피었어요. 준수는 공원에서 친구들과 자전거를 타고 있어요. 준수는 안전모를 쓰고 무릎 보호대도 착용했어요.

"랄라라~"

준수는 노래를 불렀어요.

열어 보기 3

01 · 지금은 어느 계절입니까? (   )

① 봄 ② 여름 ③ 가을 ④ 겨울

02 · 준수는 친구들과 무엇을 하고 있나요? (   )

① 그네를 타고 있어요 ② 자전거를 타고 있어요
③ 공놀이를 하고 있어요 ④ 숨바꼭질을 하고 있어요

03 · 기분이 좋아서 저절로 콧노래가 나오는 모습을 표현한 관용어로, 봄날 공원에서 자전거를 타며 노래를 부르는 준수의 모습과 어울리는 말은 다음 중 어느 것인가요? (   )

① 입이 무겁다 ② 콧노래가 절로 나오다 ③ 손을 놓다 ④ 걱정이 태산이다

04 · 준수는 무엇을 쓰고 있나요? (   )

① 목도리 ② 안전모 ③ 중절모 ④ 밀짚모자

05 · 준수는 무릎에 무엇을 착용했나요? (   )

① 신발 ② 장갑 ③ 무릎 보호대 ④ 안전모

06 · 준수는 자전거를 타니 기분이 어떤가요? (   )

① 슬퍼요 ② 재미있어요 ③ 무서워요 ④ 화가 나요

07 · (   )는 친구들과 주로 무엇을 하며 노나요?

열어 보기 4

교육 활동 영역

• 가족 관계

엄마와 누나, 영우가 함께 할머니 집을 방문하여 시간을 보내는 장면은 가족 간의 유대감과 소통을 보여 줍니다. 또한 누나와 영우가 함께 퍼즐을 맞추는 장면은 협력과 놀이를 통한 상호작용을 보여 줍니다. 누나는 동생에게 놀이를 제안하고, 둘은 함께 퍼즐을 맞추며 시간을 보냅니다.

• 형제 관계

누나는 영우에게 퍼즐 놀이를 제안하며 형제간 긍정적인 상호작용을 유도합니다. 서로 다른 퍼즐 조각을 맞추며 협력과 배려를 기반으로 한 놀이가 이루어집니다. 이 장면은 친형제간에도 친구처럼 어울리며 소통할 수 있다는 관계 형성의 예입니다.

• 인지 발달

퍼즐을 맞추는 과정은 아이가 관찰력, 공간 인식, 문제 해결 능력을 사용하는 활동입니다. 영우와 누나는 각자 동물 퍼즐을 맞추며 생각하고 완성해 나가는 경험을 합니다. 이 이야기를 통해서 아이들이 퍼즐에 관심을 갖도록 유도합니다.

숨은 뜻 찾기

표현 익히기

▶ 퍼즐 맞추자!: 퍼즐 조각을 함께 맞추며 완성하자는 제안으로, '~자'는 함께하자는 뜻을 담은 권유형 표현이다.

관용어

▶ 이야기꽃을 피우다: 즐겁고 신나게 이야기를 나누는 모습을 비유적으로 이르는 표현으로, 할머니와 엄마는 주방에서, 영우와 누나는 퍼즐을 맞추며 도란도란 이야기꽃을 피우는 장면과 어울린다.

생각을 여는 지도 Tip

"형(또는 누나, 언니, 동생, 사촌 형제 등)과 함께 퍼즐이나 레고 놀이를 해 본 적 있니?"와 같은 질문을 해 보세요. 형제와 협력하며 활동을 하는 경험은 가족 간의 유대감을 깊게 하고, 문제를 해결해 나가는 인지 발달에도 긍정적인 영향을 줍니다.

그림으로 열어 보기

그림을 보고 말해요

- 이 집은 어디에 있을 것 같나요?
- 지붕 모양이 어떤가요?
- 마당에 있는 것 중에서 본 적 있는 것은 무엇인가요?
- 이 집에는 누가 살고 있을 것 같나요?

열어 보기 4

교육 활동 영역: 가족 관계, 형제 관계, 인지 발달

년 월 일 요일 이름: ____________

제목: ______________________

엄마와 누나, 영우는 할머니 집에 왔어요. 할머니와 엄마는 주방에서 요리를 하고 있어요. 누나가 말했어요.

"영우야, 우리 퍼즐 맞추자!"

누나는 코끼리와 원숭이를 맞췄고 영우는 사자를 맞췄어요.

열어 보기 4

01 · 할머니 집에 간 사람은 누구누구인가요? (　 ,　 ,　)

① 영우　② 아빠　③ 엄마　④ 누나

02 · 누나가 퍼즐로 맞춘 것은 무엇무엇인가요? (　 ,　)

① 사자　② 고래　③ 코끼리　④ 원숭이

03 · 영우가 퍼즐로 맞춘 것은 무엇인가요? (　)

① 사자　② 원숭이　③ 코끼리　④ 기린

04 · '할머니 집'을 높여 부르는 말은 무엇인가요? (　)

① 할머니 방　② 할머니 집　③ 할머니 댁　④ 할머니 사는 곳

05 · 할머니와 엄마는 무엇을 하나요? (　)

① 청소　② 세탁　③ 설거지　④ 요리

06 · 여럿이 모여서 즐겁고 활기차게 이야기를 나누는 모습을 나타내는 관용어로, 할머니 집에서 엄마와 할머니가 함께 요리하며 이야기하는 상황에 어울리는 말은 다음 중 어느 것인가요? (　)

① 눈앞이 캄캄하다　② 기가 차다　③ 이야기꽃을 피우다　④ 발 벗고 나서다

07 · (　　　)는 어떤 동물을 좋아하나요?

열어 보기 5

교육 활동 영역

• 가족 관계

엄마와 민아의 대화는 부모와 자녀 간의 관계에서 일어나는 일상적인 상호작용을 보여 줍니다. 엄마는 날씨에 맞는 옷을 입히려고 하지만, 민아는 자신이 원하는 옷을 고집합니다. 이는 부모와 자녀 간의 의사소통과 갈등 조율의 한 예입니다.

• 정서 조절

민아는 자신의 의견이 받아들여지지 않자 감정적으로 반응합니다. 이는 아이들이 자신의 감정을 표현하고 조절하는 과정 중 하나입니다. 아이들에게 자신의 감정을 조절하는 방법과 원하는 것을 논리적으로 설명하는 방법을 가르칠 수 있습니다. 예를 들어, "왜 이 옷을 입고 싶은지 이야기해 볼까?"와 같은 질문을 통해 감정 표현을 연습할 수 있습니다.

• 문제 해결

엄마와 민아는 서로 다른 의견을 가지고 있으며, 이에 대한 해결 방법을 찾아야 합니다. 예를 들어, 엄마는 "추운 날씨에도 원피스를 입고 싶다면 안에 따뜻한 옷을 받쳐 입으면 어떨까?"와 같은 절충안을 제시할 수 있습니다.

• 기본 생활 습관

이야기 속 상황을 통해 날씨에 맞게 옷을 입는 습관의 중요성을 배웁니다. '춥다'는 엄마의 말을 듣고 적절한 옷을 고르는 과정은 건강을 지키기 위한 자기 관리 능력과 연결됩니다. 이를 통해 기후에 따라 옷차림을 조절하는 생활 습관을 자연스럽게 익힐 수 있습니다.

숨은 뜻 찾기

기본 언어 학습

- 멜빵바지: 어깨에 멜빵(바지, 치마 따위가 흘러내리지 않도록 어깨에 걸치는 끈)을 걸쳐 입는 바지

속담

- 쇠귀에 경 읽기: 아무리 말을 해도 전혀 알아듣지 못하거나 들으려 하지 않는 상황을 이르는 말로, 엄마가 날씨에 맞는 옷을 권했지만 민아는 전혀 들으려 하지 않고 자기 주장만 한다.

관용어

- 떼를 쓰다: 자신의 요구를 들어 달라고 고집스럽고 버릇없이 조르는 행동을 말하며, 민아는 하늘색 원피스를 입고 싶다며 엄마의 말을 듣지 않고 떼를 쓴다.

생각을 여는 지도 Tip

"입고 싶은 옷이 있는데 엄마가 다른 옷을 입으라고 하면 어떻게 해?"와 같은 질문을 해 보세요. 자신의 감정을 표현하면서도 상황을 이해하고 조율해 보는 경험은 정서를 조절하고 문제를 해결하는 데 도움이 됩니다.

그림으로 열어 보기

그림을 보고 말해요

- 지금 계절은 언제일 것 같나요?
- 사람들은 어떤 옷을 입고 있나요? 왜 그럴까요?
- 눈 오는 날 여러분은 무엇을 하고 싶나요?
- ○○는 추운 날씨를 좋아하나요, 따뜻한 날씨를 좋아하나요?

열어 보기 5

교육 활동 영역: 가족 관계, 정서 조절, 문제 해결, 기본 생활 습관

년　월　일　요일　이름: ____________

제목: ________________________________

민아가 하늘색 원피스를 들고 있었어요. 엄마가 말했어요.

"오늘은 날씨가 춥대. 이걸 입자!"

엄마는 티셔츠와 멜빵바지를 꺼냈어요. 그러자 민아가 발끈했어요.

"싫어! 이거 입을 거야!"

열어 보기 5

01 · 민아가 들고 있는 원피스는 무슨 색인가요? (   )

① 노란색 ② 분홍색 ③ 흰색 ④ 하늘색

02 · 엄마는 오늘 날씨가 어떻다고 말했나요? (   )

① 따뜻해요 ② 시원해요 ③ 더워요 ④ 추워요

03 · 엄마는 민아에게 무엇을 입으라고 했나요? (   )

① 반바지 ② 원피스 ③ 멜빵바지 ④ 치마

04 · 민아는 멜빵바지가 왜 싫다고 했을까요? (   )

① 원피스를 입고 싶어서
② 색깔이 마음에 안 들어서
③ 멜빵바지가 싫어서
④ 기타

05 · 자신의 뜻대로 하려고 고집을 부리며 말을 듣지 않는 태도를 나타내는 관용어로, 민아가 추운 날씨에도 하늘색 원피스를 고집하는 상황에 어울리는 말은 다음 중 어느 것인가요? (   )

① 말귀를 알아듣다 ② 날개를 펴다 ③ 발 벗고 나서다 ④ 떼를 쓰다

06 · 민아는 왜 하늘색 원피스를 입겠다고 했을까요? (   )

① 멜빵바지가 싫어서
② 원피스가 예뻐서
③ 하늘색 원피스가 입고 싶어서
④ 기타

07 · (   )는 얇은 옷을 입어서 추웠던 적이 있나요? (   )

① 예 ② 아니요 ③ 기타

열어 보기 6

교육 활동 영역

• 가족 관계

지아는 부모님과 동생과 함께 바닷가에서 시간을 보내며 가족 간의 유대감을 경험합니다. 엄마, 아빠가 텐트를 치는 동안 지아가 동생과 놀아 주는 모습은 서로를 돌보는 따뜻한 가족 관계를 보여 줍니다. 이야기를 통해 아이는 가족과 함께하는 시간이 즐겁고 소중하다는 감정을 느낄 수 있습니다.

• 기본 생활 습관

지아는 부모님의 말에 따라 주어진 역할을 수행하며 바르게 행동합니다. 여행지에서도 가족의 일원으로서 질서를 지키고 해야 할 일을 실천하는 태도를 보입니다. 이야기를 통해 아이는 일상 속에서 자연스럽게 형성되는 바른 생활 습관을 익힐 수 있습니다.

• 책임감

지아는 부모님의 부탁을 듣고 동생을 돌보는 역할을 스스로 수행합니다. 동생과 함께 모래놀이를 하며 책임 있는 행동과 가족에게 도움이 되는 태도를 보여 줍니다. 이야기를 통해 아이는 작은 일이라도 스스로 해내는 경험을 바탕으로 책임감을 키울 수 있음을 배웁니다.

숨은 뜻 찾기

기본 언어 학습

▶ 텐트를 치는 동안: '~하는 동안'은 시간의 흐름을 나타내는 표현으로, 동안은 어느 한때에서 다른 한때까지 시간의 길이를 의미한다.

관용어

▶ 손발이 맞다: 함께 일을 할 때 서로의 호흡이나 동작이 잘 어울려 일이 순조롭게 진행되는 것을 뜻한다. 지아는 동생과 사이좋게 모래놀이를 하며 엄마 아빠가 텐트를 준비하는 동안 잘 협력하고 있다.

생각을 여는 지도 Tip

"지아처럼 엄마나 아빠의 부탁을 들어준 적이 있니?"와 같은 질문을 해 보세요. 가족 안에서 맡은 역할을 인식하고 행동해 보는 경험은 책임감을 기르고, 기본 생활 습관을 자연스럽게 익히는 데 도움이 됩니다. 이러한 활동은 가족 관계 속에서 협력과 배려의 태도를 형성하는 데 중요한 밑거름이 됩니다.

그림으로 열어 보기

그림을 보고 말해요

- 지금 계절은 언제일 것 같나요?
- 아이의 표정은 어떤가요? 어떤 기분일까요?
- 모래사장에는 어떤 것들이 보이나요?
- ○○는 바다에서 놀아 본 적 있나요? 그때 어땠나요?

열어 보기 6

교육 활동 영역: 가족 관계, 기본 생활 습관, 책임감

년 월 일 요일 이름: ____________

제목: ______________________________

지아는 가족과 함께 바다에 갔어요. 바다에는 수영하는 사람도 있고 배를 타는 사람도 있어요. 엄마가 말했어요.

"지아야, 동생이랑 놀고 있어."

아빠와 엄마가 텐트를 치는 동안, 지아는 동생과 함께 모래놀이를 했어요.

열어 보기 6

01 · 지아는 누구와 함께 바다에 갔나요? (　　)

① 친구와　② 혼자　③ 가족과　④ 선생님과

02 · 바다에서 사람들이 하고 있는 활동이 아닌 것은 무엇인가요? (　　)

① 수영하기　② 모래놀이　③ 배 타기　④ 눈사람 만들기

03 · 바다에서 볼 수 있는 것을 모두 써 보세요.

04 · 함께 어떤 일을 할 때, 서로 잘 어울리거나 움직임이 잘 맞는 모습을 나타내는 관용어로, 엄마와 아빠가 텐트를 준비하는 동안, 지아와 동생이 모래놀이를 하며 잘 놀고 있는 상황에 어울리는 말은 다음 중 어느 것인가요? (　　)

① 손발이 맞다　② 군침을 삼키다　③ 코가 납작해지다　④ 감투를 벗다

05 · 지아는 무엇을 하나요? (　　)

① 수영을 해요　② 모래놀이를 해요　③ 공부를 해요　④ 배를 타요

06 · (　　　)는 다음 중 어디로 놀러 가고 싶나요? (　　)

① 산　② 강　③ 바다　④ 사막　⑤ 기타

07 · 엄마는 왜 지아에게 동생이랑 놀라고 했나요? (　　)

① 아빠와 엄마가 텐트를 치는 동안 지아가 동생을 돌보도록 하기 위해서

② 동생과 사이좋게 놀면서 즐거운 시간을 보내도록 하기 위해서

③ 지아가 혼자 놀면 심심할까 봐

④ 동생이 혼자 놀다가 다칠까 봐

열어 보기 7

교육 활동 영역

• 가족 관계

이야기 속 예나와 아빠의 상호작용을 통해 가족 간의 의사소통을 살펴볼 수 있습니다. 아빠의 부드러운 말과 예나의 반응을 통해 가족 구성원 사이에서 감정을 조율하고 관계를 원만하게 유지하는 방법을 찾아볼 수 있습니다.

• 정서 조절

예나는 "싫어! 더 놀 거야."라고 말하며 자신의 감정을 표현합니다. 이를 바탕으로 아이는 감정 표현의 방법과 적절한 대응 방법을 배울 수 있습니다. 감정을 표현하는 것도 중요하지만, 조절하는 능력도 필요함을 이야기로 연결해 이해할 수 있습니다.

• 기본 생활 습관

정해진 놀이 시간이 끝났을 때 스스로 마무리하는 습관을 기르는 기회가 됩니다. 아빠의 말에 귀 기울이며 시간 조절과 규칙을 따르는 태도를 배웁니다. 이는 일상생활에서의 자기 조절과 습관 형성으로 이어집니다.

숨은 뜻 찾기

✕ 기본 언어 학습

▶ 그만: 그 정도까지만/그대로 곧/그 정도로 하고

▶ 더: 계속하여 또는 그 위에 보태어/어떤 기준보다 정도가 심하게, 또는 그 이상으로 → '그만'과 '더'는 이 상황에서 반대의 의미로 쓰인다.

관용어

▶ 넋을 잃다: 어떤 일에 마음을 완전히 빼앗겨 다른 생각을 하지 못하는 상태를 말한다. 예나는 놀이에 푹 빠져 아빠의 말도 듣지 않고 넋을 잃은 듯 계속 놀고 싶어 한다.

속담

▶ 말 안 듣기는 청개구리 같다: 하고 싶은 대로 하고야 마는 고집스러운 태도를 뜻하며, 예나가 더 놀겠다고 고집을 부리는 상황에 어울린다.

생각을 여는 지도 Tip

"재미있게 놀고 있는데 그만하라고 하면 어떤 기분이 들어?"와 같은 질문을 해 보세요. 하고 싶은 마음을 표현하면서도 상황을 받아들이고 조절하는 경험은 아이의 정서 조절 능력을 기르는 데 도움이 됩니다. 가족과의 적절한 대화를 통해 일상 속 규칙과 생활 습관도 자연스럽게 익히게 됩니다.

그림으로 열어 보기

그림을 보고 말해요

- 얼굴과 몸에 땀이 난 걸 보니 날씨가 어떤 것 같나요?
- 아빠는 어떤 기분인 것 같나요?
- 아빠는 왜 벤치에 앉아 있을까요?
- ○○는 더운 날에 어떤 일이 힘들었나요?

열어 보기 7

교육 활동 영역: 가족 관계, 정서 조절, 기본 생활 습관

년 월 일 요일 이름: ____________

제목:

날씨가 더웠어요. 예나는 미끄럼틀을 타고, 아빠는 벤치에 앉아 있어요. 잠시 후, 아빠가 말했어요.

"예나야! 이제 그만 들어가자."

그러자 예나는 이렇게 대답했어요.

"싫어! 더 놀 거야."

열어 보기 7

01 · 오늘 날씨는 어떤가요? (　)

① 추워요　② 시원해요　③ 따뜻해요　④ 더워요

02 · 아빠는 왜 가자고 하나요? (　)

① 시간이 많이 지나서　② 날씨가 더워서　③ 집에 가고 싶어서
④ 예나가 많이 놀아서　⑤ 기타

03 · 아빠가 가자고 하는데 예나는 왜 싫다고 하나요?

04 · 하고 싶은 대로 하고야 마는 고집스러운 태도를 표현한 속담으로, 예나가 더 놀겠다고 고집을 부리는 상황에 어울리는 말은 다음 중 어느 것인가요? (　)

① 말 안 듣기는 청개구리 같다　② 우물 안 개구리
③ 개천에서 용 난다　④ 울며 겨자 먹기

05 · 지금은 어떤 계절일까요? (　)

① 봄　② 여름　③ 가을　④ 겨울

06 · (　　　)는 어른의 말에 싫다고 해 본 적이 있나요? (　)

① 예　② 아니요　③ 기타

07 · 예나가 싫다고 했을 때 아빠의 기분은 어떨까요? (　)

① 속상하다　② 화가 난다　③ 아무렇지도 않다　④ 기타

열어 보기 8

교육 활동 영역

• 가족 관계

엄마가 예준이를 학교에 데려다주고 인사를 나누는 장면은 부모와 자녀 간의 유대감을 보여 줍니다. 엄마는 예준이를 응원하며 보내고, 예준이도 엄마에게 반응합니다.

• 또래 관계

예준이가 학교에서 친구들과 함께 공부하고 급식을 먹는 장면은 또래 관계 속에서 사회성을 키우는 과정입니다. 친구들과의 교류를 통해 협력과 배려를 배우게 됩니다.

• 기본 생활 습관

학교에서 급식을 맛있게 먹는 것은 규칙적인 생활 습관을 기르는 과정입니다. 학교생활을 통해 정해진 시간에 식사하고, 수업에 참여하는 등의 습관을 익히게 됩니다.

숨은 뜻 찾기

기본 언어 학습

▶ 손을 흔들다: 반가움이나 작별의 인사를 전할 때 사용하는 대표적인 비언어 표현으로, 예준이와 엄마가 서로의 마음을 전하는 장면

속담

▶ 물 만난 고기: 어떤 사람이 자기에게 꼭 맞는 환경이나 상황을 만나 활기차고 능력을 잘 발휘하는 모습을 이르는 말로, 예준이는 학교에 가서 친구들과 즐겁게 지내고, 공부와 급식 먹기도 잘해 내며 물 만난 고기처럼 활기찬 모습을 보인다.

관용어

▶ 제 앞가림을 잘하다: 다른 사람의 도움 없이 스스로 자신의 일을 잘 처리하는 것을 뜻한다. 학교에서 혼자 잘 지내며 공부도 하고 밥도 챙겨 먹는 예준이의 모습에서 제 앞가림을 잘하는 모습을 보인다.

생각을 여는 지도 Tip

"학교에 처음 갔을 때 기분이 어땠는지 기억나?"와 같은 질문을 해 보세요. 새로운 환경에서 가족의 응원을 느끼고 또래와 함께 일과를 보내는 경험은 안정감을 주고 사회적 적응력을 기르는 데 도움이 됩니다. 일상적인 학교생활을 통해 기본 생활 습관도 자연스럽게 자리 잡게 됩니다.

그림으로 열어 보기

그림을 보고 말해요

- 이 건물은 어떤 곳인가요?
- 학교에 처음 갔던 날이 기억나나요? 어떤 기분이었나요?
- ○○는 학교에서 무엇을 제일 좋아하나요?
- 이 학교를 보니 누구 얼굴이 떠오르나요?

열어 보기 8

교육 활동 영역: 가족 관계, 또래 관계, 기본 생활 습관

년 월 일 요일 이름: ____________

제목:

예준이는 엄마와 함께 학교에 갔어요.

"잘 다녀와!"

엄마가 예준이에게 손을 흔들었어요. 예준이도 엄마에게 손을 흔들고 안으로 들어갔어요. 예준이는 학교에서 친구들과 함께 공부도 하고, 급식도 맛있게 먹었어요.

열어 보기 8

01 · 예준이는 누구와 함께 학교에 갔나요? (　　)

① 엄마　② 누나　③ 아빠　④ 상철이

02 · 예준이는 학교에서 무엇을 먹었나요? (　　)

① 아침　② 급식　③ 외식　④ 저녁　⑤ 기타

03 · 엄마는 예준이에게 뭐라고 했나요?

04 · 예준이는 엄마에게 손을 흔들고 어디로 들어갔나요? (　　)

① 학교 안　② 학교 밖　③ 집 안　④ 집 밖　⑤ 유치원 안

05 · 예준이는 몇 살일까요? (　　)

① 4살　② 5살　③ 6살　④ 7살　⑤ 8살

06 · (　　　　)가 즐거운 시간은 어디에서 무엇을 할 때인가요?

07 · 어떤 환경이나 상황이 자신에게 딱 맞아 실력을 마음껏 발휘하거나 아주 신나게 활동하는 모습을 표현한 속담으로, 학교에 간 예준이가 친구들과 어울려 즐겁게 지내는 모습에 어울리는 말은 다음 중 어느 것인가요? (　　)

① 우물 안 개구리　② 물 만난 고기

③ 소 잃고 외양간 고친다　④ 등잔 밑이 어둡다

열어 보기 9

교육 활동 영역

• 또래 관계

하윤이는 친구들과 함께 생일을 축하하며 즐거운 시간을 보냅니다. 친구들이 축하해 주고 함께 기뻐하는 장면은 또래 관계에서 긍정적인 상호작용을 나타냅니다.

• 정서 조절

생일을 맞은 하윤이는 기쁜 감정을 느끼며 촛불을 끄고 친구들의 박수를 받습니다. 이는 기쁨과 감사의 감정을 자연스럽게 표현하는 과정입니다.

• 사회 규칙

생일 파티에서는 케이크를 준비하고, 축하 노래를 부르고, 촛불을 끄고 박수를 치는 등 일정한 순서와 규칙이 있습니다. 이러한 활동에는 사회적 관습을 배우는 과정이 포함됩니다.

• 공감 능력

친구들이 하윤이의 생일을 함께 축하해 주며 기뻐하는 모습은 공감 능력을 기르는 데 중요한 요소입니다. 다른 사람의 기쁨을 함께 나누는 것은 사회적 관계를 형성하는 데 중요한 역할을 합니다.

숨은 뜻 찾기

기본 언어 학습

▶ 촛불을 끄다: 상징적인 행동 표현으로, 생일 풍습이나 문화와 연결 가능하다.

▶ 박수를 치다: 기쁨, 찬성, 환영을 나타내거나 장단을 맞추려고 두 손뼉을 마주침

을 의미한다. 비언어적 표현을 통한 감정 표현, 이전 활동(고개를 끄덕이다, 손을 흔들다)과 같은 몸짓 표현이다.

관용어

- 홍이 나다: 기분이 좋아져서 신이 나고 들뜨는 상태를 뜻한다. 친구들의 축하와 박수에 하윤이와 친구들은 즐거운 분위기 속에서 홍이 난 모습을 보인다.
- 입이 귀에 걸리다: 매우 기쁘고 즐거운 표정을 짓는 모습을 비유적으로 이르는 표현으로, 친구들의 축하를 받으며 생일을 맞은 하윤이는 입이 귀에 걸릴 정도로 행복한 표정을 짓는다.
- 웃음꽃이 피다: 여러 사람이 함께 웃으며 즐거운 분위기를 만들어 가는 것을 뜻하며, 친구들이 하윤이의 생일을 축하하며 노래 부르고 박수를 치는 모습에서 잘 드러난다.

생각을 여는 지도 Tip

"너의 생일은 언제니?"와 같은 질문을 해 보세요. 자신의 특별한 날을 떠올리고 말로 표현하는 경험은 정서 조절과 자기 인식을 기르는 데 도움이 됩니다. 생일이라는 상황을 통해 축하의 의미와 사회적 예절, 또래와의 긍정적인 관계 맺기 방법을 자연스럽게 배울 수 있습니다.

그림으로 열어 보기

그림을 보고 말해요

- 생일 케이크 위에는 몇 개의 촛불이 있나요?
- ○○는 이 음식 중에 어떤 게 가장 먹고 싶나요?
- ○○의 생일날에는 어떤 음식을 먹었나요?
- ○○는 생일에 어떤 선물을 받으면 가장 기쁠 것 같나요?

열어 보기 9

교육 활동 영역: 또래 관계, 정서 조절, 사회 규칙, 공감 능력

년 월 일 요일 이름: ____________

제목: ________________________________

식탁 위에 케이크와 맛있는 음식들이 놓여 있어요. 친구들은 생일 축하 노래를 불렀어요.

"생일 축하해~"

친구들이 하윤이를 축하해 주었어요. 하윤이가 촛불을 끄자, 친구들은 박수를 쳤어요.

열어 보기 9

01 · 오늘은 무슨 날인가요? (   )

① 크리스마스 ② 설날 ③ 생일 ④ 추석

02 · 촛불을 끈 사람은 누구인가요? (   )

① 화빈이 ② 민아 ③ 친구 ④ 하윤이

03 · 여러 사람이 함께 웃으며 즐거운 분위기를 만들어 가는 모습을 표현한 관용어로, 친구들이 하윤이의 생일을 축하하며 노래 부르고 박수를 치는 상황에 어울리는 말은 다음 중 어느 것인가요? (   )

① 기를 죽이다 ② 웃음꽃이 피다 ③ 눈치를 보다 ④ 입이 무겁다

04 · 식탁 위에 있는 것은 무엇무엇인가요? (,   )

① 케이크 ② 신문 ③ 접시 ④ 음식

05 · 하윤이가 촛불을 끄자 친구들은 무엇을 했나요? (   )

① 노래를 불렀어요
② 공부를 했어요
③ 박수를 쳤어요
④ 케이크를 먹었어요

06 · (   )의 생일은 언제인가요?

07 · (   )의 생일날 받고 싶은 선물은 무엇인가요?

열어 보기 10

교육 활동 영역

• 또래 관계

아이들이 함께 시소를 타고, 서로를 부르며 놀이터에서 어울리는 모습을 통해 친구와 함께하는 즐거움을 경험합니다. 자연스럽게 친구와의 상호작용과 협력을 배우게 됩니다. 이는 또래 간 긍정적인 관계 형성에 도움이 됩니다.

• 사회 규칙

놀이터에서 줄을 서거나 차례를 지키며 노는 과정을 통해 공공장소에서 지켜야 할 규칙을 배울 수 있습니다. 예를 들어, 미끄럼틀을 타기 위해 순서를 기다리고, 차례대로 이용하는 태도가 중요함을 알게 됩니다. 이처럼 규칙 있는 놀이 습관은 사회생활의 기초가 됩니다.

• 정서 조절

지원이가 화빈이의 부름에 웃으며 반응하는 모습은 긍정적인 정서 표현을 보여 줍니다. 이야기를 통해 아이는 감정을 적절히 표현하고 조절하는 방법을 배울 수 있습니다. 이는 친구들과의 원활한 소통과 자기 감정 조절 능력 향상으로 이어집니다.

• 기본 생활 습관

아이들은 야외에서 신체를 활발히 움직이며 건강한 놀이 습관을 기릅니다. 그네, 시소, 미끄럼틀 등 다양한 놀이기구를 활용하는 활동은 신체 발달과 자기 관리에 도움이 됩니다. 또한 바른 태도로 안전하게 노는 습관도 함께 익힐 수 있습니다.

숨은 뜻 찾기

관용어

- 신바람이 나다: 기분이 매우 좋아서 신이 나고 활기가 넘치는 상태를 뜻한다. 친구들과 놀이터에서 어울려 노는 아이들의 모습은 신바람이 난 듯 즐거움이 가득하다.
- 웃음꽃이 피다: 많은 사람이 함께 웃으며 즐거운 분위기가 무르익는 모습을 뜻한다. 아이들이 서로 어울려 놀며 여기저기에서 웃음이 터져 나와 놀이터에 웃음꽃이 핀다.

생각을 여는 지도 Tip

"놀이터에서 놀 때 지켜야 하는 약속에는 어떤 것들이 있을까?"와 같은 질문을 해 보세요. 놀이 중에도 규칙을 지키고 차례를 기다리는 태도는 사회적 질서를 익히고 또래와의 긍정적인 관계를 형성하는 데 도움이 됩니다. 놀이 상황에서 감정을 조절하며 어울리는 경험은 기본 생활 습관을 기르고 사회성 발달에도 좋은 영향을 줍니다.

그림으로 열어 보기

그림을 보고 말해요

- 어떤 놀이기구들이 보이나요?
- 가장 먼저 눈에 띄는 아이는 무엇을 하고 있나요?
- ○○는 이 그림 속에서 어떤 놀이를 하고 싶나요?
- 이 친구들 중에서 누구와 놀고 싶나요? 그 이유는 무엇인가요?

열어 보기 10

교육 활동 영역: 또래 관계, 사회 규칙, 정서 조절, 기본 생활 습관

년 월 일 요일 이름: ____________

제목: ______________________

아이들이 놀이터에서 즐겁게 놀고 있어요. 예준이와 수아는 시소를 타고, 상지는 그네를 타고 있어요.

"지원아!"

미끄럼틀 위에서 화빈이가 지원이를 불렀어요. 지원이는 웃으며 미끄럼틀 위로 올라갔어요.

열어 보기 10

01 · 지원이가 간 곳은 어디인가요? (   )

① 놀이터 ② 교실 ③ 우체국 ④ 도서관

02 · 예준이와 수아는 무엇을 하나요? (   )

① 세수를 해요 ② 수영을 해요 ③ 배를 타요 ④ 시소를 타요

03 · 지원이는 어디로 올라갔나요? (   )

① 미끄럼틀 밑 ② 미끄럼틀 뒤 ③ 미끄럼틀 옆 ④ 미끄럼틀 위

04 · 화빈이는 어디에 있나요? (   )

① 나무 아래 ② 나무 위 ③ 미끄럼틀 아래 ④ 미끄럼틀 위

05 · 놀이터에서 노는 아이들은 어떤 기분인가요? (   )

① 즐거워요 ② 슬퍼요 ③ 화났어요 ④ 무서워요

06 · 여러 사람이 함께 즐겁고 유쾌하게 웃는 모습을 표현한 관용어로, 놀이터에서 아이들이 시소를 타고 미끄럼틀 위로 올라가며 웃고 떠드는 상황에 어울리는 말은 다음 중 어느 것인가요? (   )

① 속이 터지다 ② 등을 돌리다 ③ 벽에 부딪히다 ④ 신바람이 나다

07 · 우리 동네 놀이터에는 무엇이 있는지 써 보세요.

열어 보기 11

교육 활동 영역

• 정서 조절

지혜는 줄넘기가 잘되지 않아 속상한 마음에 울음을 터뜨립니다. 이야기를 통해 아이는 실패했을 때의 감정을 인식하고 표현하는 방법을 배울 수 있습니다. 또한 감정을 다루고 차분히 다시 시도하는 자세의 중요성을 이해할 수 있습니다.

• 문제 해결

지혜는 줄넘기를 잘하고 싶지만 어려움을 겪고 있으며, 선생님의 도움을 통해 계속 시도합니다. 이 과정은 문제를 인식하고 해결하려는 노력과 과정을 보여 줍니다. 아이들은 이를 통해 끈기 있게 도전하고 문제를 해결해 나가는 태도를 배울 수 있습니다.

• 공감 능력

지혜가 속상해하는 모습을 통해 아이들은 다른 사람의 감정에 주목하고 이해하는 마음을 키울 수 있습니다. "지혜는 왜 울었을까?"라는 질문을 통해 타인의 입장에서 생각해 보는 경험을 하게 됩니다. 이는 친구의 감정을 존중하고 도와주는 태도로 이어질 수 있습니다.

숨은 뜻 찾기

관용어

▶ 손이 서툴다: 어떤 일을 능숙하게 하지 못하고 익숙하지 않은 상태를 뜻한다. 지혜는 줄넘기를 잘하지 못해 줄이 자꾸 발에 걸리고, 결국 속상한 마음에 울음을 터뜨린다.

▶ 맥이 풀리다: 힘든 일을 겪은 뒤에 기운이 없어지는 것을 뜻하며, 계속 실패해서 기운이 없어진 지혜의 모습에서 볼 수 있다.

명언

▶ 좌절감은 성공의 가장 확실한 디딤돌이다: 실패하거나 낙심한 경험은 성장과 성공으로 나아가는 중요한 밑바탕이 된다는 의미로, 지혜는 줄넘기를 잘하지 못해 속상해했지만, 이 좌절이 앞으로 더 잘하게 되는 발판이 될 수 있다.

생각을 여는 지도 Tip

"어려운 걸 하다가 속상했던 적이 있니?"와 같은 질문을 해 보세요. 자신의 감정을 돌아보고 표현하는 경험은 정서 조절 능력을 기르는 데 도움이 됩니다. 실수나 실패를 겪었을 때 격려받고 다시 시도해 보는 과정을 통해 문제 해결력과 타인의 감정에 대한 공감 능력도 함께 자라납니다.

그림으로 열어 보기

그림을 보고 말해요

- 이 아이는 어떤 운동을 하려던 걸까요?
- 아이의 표정은 어떤가요?
- 무슨 일이 있었던 것 같나요?
- ○○도 줄넘기가 잘 안돼서 속상했던 적이 있나요?

열어 보기 11

교육 활동 영역: 정서 조절, 문제 해결, 공감 능력

년 월 일 요일 이름: ____________

제목: ________________________________

지혜는 줄넘기를 잘 못해요. 다른 아이들은 줄넘기를 쉽게 하는데 지혜는 어려워해요. 그래서 선생님이 여러 번 가르쳐 주었지만, 줄이 자꾸 발에 걸려요.

"으앙~"

결국, 지혜는 울음을 터뜨리고 말았어요.

열어 보기 11

01 · 지금은 무슨 시간일까요? (　)

① 미술시간 ② 수학시간 ③ 과학시간 ④ 체육시간

02 · 힘든 일을 겪은 뒤에 기운이 없어지는 것을 표현한 관용어로, 계속 실패해서 기운이 없어진 지혜의 모습에 어울리는 말은 다음 중 어느 것인가요? (　)

① 맥이 풀리다 ② 귀가 얇다 ③ 발 벗고 나서다 ④ 속이 타다

03 · 선생님은 왜 지혜에게만 줄넘기를 가르쳐 주시나요? (　)

① 지혜가 가르쳐 달라고 해서 ② 지혜가 예뻐서
③ 지혜가 줄넘기를 잘 못해서 ④ 기타

04 · 지혜는 가르쳐 주는데도 왜 자꾸 줄이 발에 걸리나요? (　)

① 줄넘기가 어려워서 ② 줄이 길어서 ③ 연습을 안 해서
④ 시키는 대로 하지 않아서 ⑤ 기타

05 · 지혜는 왜 울었을까요? (　)

① 창피해서 ② 힘들어서 ③ 줄넘기를 잘 못해서 ④ 기타

06 · (　　　)는 주로 언제 우나요? (　)

① 화났을 때 ② 혼났을 때 ③ 창피할 때 ④ 속상할 때 ⑤ 기타

07 · (　　　)라면 지혜가 속상해할 때 어떻게 하고 싶나요? (　)

① 못 본 척한다 ② "괜찮아, 다시 해 보면 돼!"라고 말한다
③ 놀린다 ④ "이렇게 해 봐."라며 방법을 알려 준다 ⑤ 기타

열어 보기 12

교육 활동 영역

• 정서 조절

예준이는 새를 잘 접지 못해 속상했지만, 지아의 도움을 받고 기분이 좋아졌습니다. 이야기를 통해 아이는 좌절감을 느낄 때의 감정을 인식하고, 감정이 회복되는 경험을 배울 수 있습니다. 이를 통해 감정을 표현하고 조절하는 과정이 자연스럽게 드러납니다.

• 공감 능력

지아는 속상해하는 예준이의 마음을 알아차리고 자발적으로 도와줍니다. 이 장면을 통해 아이들은 친구의 감정을 이해하고 배려하는 태도를 익힐 수 있습니다. 또한 상대방 입장에서 생각하고 행동하는 공감 능력이 자랍니다.

• 또래 관계

지아와 예준이는 서로 도움을 주고받으며 함께 과제를 완성하고 기쁨을 나눕니다. 이러한 경험은 친구와 긍정적인 관계를 맺고 유지하는 데 도움이 되며 협력과 우정의 소중함을 느낄 수 있는 장면입니다.

숨은 뜻 찾기

속담

▶ 백지장도 맞들면 낫다: 아주 쉬운 일이라도 서로 힘을 합치면 더 쉽게 해낼 수 있다는 뜻으로, 예준이는 지아의 도움을 받아 새를 완성하며 함께하니 훨씬 수월하게 미술 활동을 마친다.

명언

▶ 만약 빨리 가고 싶으면 혼자 가라. 하지만 멀리 가고 싶으면 함께 가라: 혼자 하면 속도는 빠를 수 있지만, 함께하면 더 멀리, 더 오래 갈 수 있다는 협력의 중요성을 강조하는 말이다. 예준이는 지아의 도움으로 멋진 새를 완성하며 함께하는 힘과 기쁨을 경험한다.

생각을 여는 지도 Tip

"누군가에게 도움을 받아 본 적 있니?"와 같은 질문을 해 보세요. 도움을 받는 경험은 마음의 안정과 정서 조절에 긍정적인 영향을 주고, 나중에 다른 친구를 도와주는 공감 능력으로 이어질 수 있습니다. 또래와 협력하며 감정을 나누는 경험은 건강한 사회적 관계를 형성하는 데에도 도움이 됩니다.

그림으로 열어 보기

그림을 보고 말해요

- 이 아이는 지금 무엇을 만들고 있나요?
- 색종이로 만들 수 있는 다른 동물은 무엇이 있을까요?
- 색종이를 접을 때 어떤 기분이 드나요?
- ○○는 색종이 접기를 좋아하나요? 어떤 걸 접어 봤나요?

열어 보기 12

교육 활동 영역: 정서 조절, 공감 능력, 또래 관계

년 월 일 요일 이름: ____________

제목: ______________________

미술 시간이었어요. 예준이는 새를 예쁘게 접지 못해서 속상했어요. 그때 옆에 앉은 지아가 말했어요.

"내가 도와줄게!"

지아의 도움으로 예준이도 멋진 새를 완성할 수 있었어요. 둘은 함께 환하게 웃었어요.

열어 보기 12

01 · 예준이는 무엇을 접고 있나요? ( )

① 비행기 ② 새 ③ 배 ④ 꽃

02 · 예준이는 왜 색종이를 잘 못 접을까요? ( )

① 빨리 하려고 해서 ② 방법을 몰라서 ③ 손에 힘이 없어서
④ 연습을 안 해서 ⑤ 기타

03 · 여기는 어디인가요? ( )

① 도서관 ② 영화관 ③ 사진관 ④ 학교 ⑤ 기타

04 · 아주 쉬운 일도 혼자보다는 함께하면 훨씬 더 쉽다는 의미의 속담으로, 예준이가 지아의 도움을 받아 멋진 종이접기를 완성한 상황에 어울리는 말은 다음 중 어느 것인가요? ( )

① 백지장도 맞들면 낫다 ② 쇠귀에 경 읽기
③ 까마귀 날자 배 떨어진다 ④ 고래 싸움에 새우 등 터진다

05 · 지아는 왜 예준이를 도와주었나요? ( )

① 남을 잘 돕는 성격이어서 ② 평소 예준이가 친절하게 대해 줘서
③ 예준이가 속상해하니까 ④ 친구니까 ⑤ 기타

06 · 지아가 도와준다고 했을 때 예준이는 어떤 생각이 들었을까요? ( )

① 귀찮았다 ② 지아가 잘난 척하는 것이라고 생각했다
③ 고마웠다 ④ 감동했다 ⑤ 기타

07 · (   )는 친구에게 도움을 받은 적이 있나요?

열어 보기 13

교육 활동 영역

• 정서 조절

주아는 우유를 엎지른 후 속상한 감정에 울상이 됩니다. 이 상황을 통해 아이는 실수했을 때의 감정을 인식하고 표현하는 방법을 배울 수 있습니다. 감정을 조절하고 다시 마음을 다잡는 과정이 중요함을 알게 됩니다.

• 책임감

"내가 먹을게요."라고 말하고 직접 우유를 따르려 한 주아의 모습은 자기 일을 스스로 하려는 태도를 보여 줍니다. 비록 실수했지만 자율적인 행동을 시도하는 과정 자체가 책임감의 시작입니다. 또한 실수 후 상황을 어떻게 해결하느냐도 책임감 발달의 중요한 부분입니다.

• 문제 해결

주아는 우유를 엎질렀을 때 어떻게 해야 할지 고민하거나 도움을 요청할 수 있는 기회를 맞이합니다. 이 이야기를 통해 아이는 실수나 문제 상황에서 대처하는 법을 배울 수 있습니다. 또한 문제를 피하기보다 해결하려는 자세와 태도를 기를 수 있습니다.

• 기본 생활 습관

주아는 스스로 우유를 꺼내고 컵에 따르며 자기 스스로 식사 준비를 해 보려는 생활 습관을 보여 줍니다. 이 과정은 일상생활 속 자기 관리 능력을 기르는 데 도움이 됩니다. 또한 정리나 뒷정리에 대한 습관으로도 이어질 수 있습니다.

숨은 뜻 찾기

기본 언어 학습

▶ 엎지르다: 그릇에 담기어 있는 액체 따위를 뒤집어엎어 쏟아지게 하거나 흔들어 넘쳐 나가게 하다.

관용어

▶ 울상이 되다: 표정이 금방이라도 울 것처럼 보이는 모습

속담

▶ 원숭이도 나무에서 떨어진다: 아무리 능숙한 사람이라도 실수할 수 있다는 뜻으로, 스스로 우유를 따르려던 주아는 실수로 우유를 엎지르며 속상해한다.

▶ 엎질러진 물: 이미 벌어진 일은 다시 되돌릴 수 없다는 뜻으로, 주아는 우유를 식탁에 엎지르고 속상해하지만, 이미 엎질러진 일은 되돌릴 수 없다.

생각을 여는 지도 Tip

"주아처럼 실수해 본 적 있니?"와 같은 질문을 해 보세요. 실수를 받아들이고 스스로 해결해 보려는 경험은 정서 조절과 문제 해결 능력을 기르는 데 도움이 됩니다. 스스로 해 보려는 태도는 책임감을 키우고, 일상 속 기본 생활 습관을 익히는 과정이 됩니다.

그림으로 열어 보기

그림을 보고 말해요

- 이 그림은 어디를 열어 본 모습일까요?
- 어떤 음료들이 보이나요?
- 우유는 어디에 놓여 있나요?
- ○○는 이 중에서 어떤 걸 마셔 보고 싶나요?

열어 보기 13

교육 활동 영역: 정서 조절, 책임감, 문제 해결, 기본 생활 습관

년 월 일 요일 이름: ____________

제목: ______________________________

"주아야, 우유 줄까?"라고 엄마가 물었어요. 주아가 대답했어요.

"내가 먹을게요."

주아는 냉장고에서 우유를 꺼내 컵에 따랐어요. 그러다가 그만 우유를 식탁에 엎지르고 말았어요. 주아는 울상이 됐어요.

열어 보기 13

01 · 엄마가 주아에게 한 말은 무엇인가요? (　　)

① "주아야, 우유 줄까?"　② "주아야, 주스 줄까?"
③ "주아야, 물 줄까?"　④ "주아야, 숙제했니?"

02 · 주아는 엄마에게 뭐라고 대답했나요? (　　)

① "주세요."　② "내가 먹을게요."
③ "필요 없어요."　④ "다른 거 마실래요."

03 · 아무리 능숙한 사람이라도 때때로 실수할 수 있다는 의미의 속담으로, 우유를 따르다 엎지르고 만 주아의 모습에 어울리는 말은 다음 중 어느 것인가요? (　　)

① 원숭이도 나무에서 떨어진다　② 고생 끝에 낙이 온다
③ 등잔 밑이 어둡다　④ 말 한마디에 천 냥 빚도 갚는다

04 · 주아는 우유를 쏟고 나서 어떤 표정을 지었나요? (　　)

① 웃었다　② 울상이 되었다　③ 아무렇지 않았다　④ 화를 냈다

05 · 주아가 우유를 따르기로 결정한 이유는 무엇인가요? (　　)

① 엄마가 따라 주지 않아서　② 혼자 하고 싶어서
③ 엄마가 바쁜 것 같아서　④ 혼자 할 수 있다고 생각해서

06 · 엄마는 주아에게 뭐라고 말할까요? (　　)

① 조심하지 않았다고 혼낸다　② 놀라지 않았냐고 묻는다
③ 앞으로 조심하라고 말한다　④ 작은 실수는 괜찮다고 말한다

07 · (　　　　)는 실수로 무엇인가를 엎지른 적이 있나요? (　　)

① 예　② 아니요　③ 기타

열어 보기 14

교육 활동 영역

• 정서 조절

윤지는 갑자기 울음을 터뜨리며 엄마에게 달려갑니다. 이 장면을 통해 아이는 감정을 자연스럽게 드러내는 경험을 합니다. 또한 감정을 받아 주는 환경 속에서 안정감을 느끼며 정서 조절 능력이 향상됩니다.

• 공감 능력

엄마는 울고 있는 윤지를 다정하게 안아 주며 감정에 공감해 줍니다. 이 장면은 아이에게 다른 사람의 감정을 살피고 따뜻하게 반응하는 태도를 보여 줍니다. 정서적 공감과 위로의 중요성을 자연스럽게 배울 수 있습니다.

• 가족 관계

윤지와 엄마 사이의 따뜻한 상호작용은 안정된 가족 관계를 보여 줍니다. 엄마의 포옹과 다정한 말은 아이에게 사랑받고 있다는 안정감을 줍니다. 이를 통해 아이는 가족이 주는 정서적 지지와 유대감을 느낄 수 있습니다.

숨은 뜻 찾기

기본 언어 학습

▶ 빨래를 개다: 세탁이 끝난 옷을 가지런히 접는 것

관용어

▶ 간이 콩알만 해지다: 매우 무서워하거나 놀라서 몹시 겁을 내는 상태를 이르는 말로, 윤지는 갑자기 울음을 터뜨리며 엄마에게 달려가 안기는 상황에서 무서움을

느꼈다는 것을 짐작할 수 있다.

생각을 여는 지도 Tip

"윤지처럼 무서웠던 적 있니?"와 같은 질문을 해 보세요. 두려운 감정을 표현하고 따뜻한 위로를 받는 경험은 정서 조절에 도움이 됩니다. 또한 다른 사람의 감정을 살피고 마음을 안정시켜 주는 엄마의 모습을 통해 아이는 타인의 감정을 이해하는 공감 능력도 함께 기를 수 있습니다.

그림으로 열어 보기

그림을 보고 말해요

- 지금 무엇을 보고 있는 장면인가요?
- 화면 속 초록색 캐릭터는 어떤 표정을 짓고 있나요?
- 이 장면을 보면 어떤 기분이 드나요?
- 무서울 때 ○○는 어떻게 하나요?

열어 보기 14

교육 활동 영역: 정서 조절, 공감 능력, 가족 관계

년 월 일 요일 이름: ____________

제목: ________________________________

여기는 윤지네 거실이에요. 엄마는 빨래를 개고 있고 윤지는 텔레비전을 보고 있어요. 그런데 갑자기 윤지가 울면서 엄마에게 뛰어가 안겼어요.

"으앙~"

엄마는 윤지를 다정하게 안아 주며 말했어요.

"왜 그래? 우리 공주님."

열어 보기 14

01 · 윤지는 무엇을 보고 있나요? (   )

① 동화책 ② 텔레비전 ③ 신문 ④ 교과서

02 · 윤지는 왜 울었을까요? (   )

① 무서운 꿈을 꾸어서
② 무서운 생각을 해서
③ 집에 손님이 와서
④ 텔레비전에서 무서운 장면이 나와서

03 · 엄마는 왜 윤지를 안아 줬나요? (   )

① 윤지가 우니까 ② 윤지가 무서워해서 ③ 윤지가 안겨서 ④ 기타

04 · 윤지가 본 텔레비전은 어떤 장면일까요? (   )

① 우스운 장면
② 재미있는 장면
③ 신나는 장면
④ 무서운 장면
⑤ 기타

05 · 깜짝 놀라거나 무서운 일을 겪어 몹시 겁이 난 상태를 나타내는 관용어로, 갑자기 울음을 터뜨리며 엄마에게 달려간 윤지의 모습에 어울리는 말은 다음 중 어느 것인가요? (   )

① 입이 무겁다 ② 바가지를 긁다 ③ 귀가 얇다 ④ 간이 콩알만 해지다

06 · 엄마는 왜 윤지를 공주님이라고 불렀을까요? (   )

① 윤지의 이름을 몰라서
② 애칭으로
③ 진짜 공주라서
④ 엄마가 공주를 좋아해서
⑤ 기타

07 · (   )는 무서울 때 어떻게 하나요?

열어 보기 15

교육 활동 영역

• 정서 조절

태우는 넘어졌지만 스스로 일어나 끝까지 달리며 자신의 감정을 다스리는 모습을 보여 줍니다. 이 장면을 통해 아이는 실망감이나 아픔 속에서도 용기 내어 행동하는 방법을 배울 수 있습니다. 이 과정에서 스스로를 격려하며 감정을 조절하는 태도가 드러납니다.

• 공감 능력

달리기 시합 후 친구들은 태우에게 다가와 걱정과 위로의 말을 건넵니다. 이러한 장면은 아이들에게 다른 사람의 상황을 공감하고 따뜻하게 반응하며 타인에 대한 배려를 함께 배울 수 있는 기회입니다.

• 또래 관계

친구들이 태우를 걱정해 주는 모습은 서로 돌보고 관심을 나누는 건강한 또래 관계를 보여 줍니다. 태우도 친구들의 따뜻한 말에 위로를 느끼며 정서적 친밀감을 형성합니다. 이야기를 통해 아동은 친구 간의 지지와 우정의 소중함을 자연스럽게 익히게 됩니다.

• 문제 해결

태우는 달리기 도중 넘어졌지만, 다리가 아파도 스스로 다시 일어나 경기를 마치는 선택을 합니다. 이 장면은 아이가 어려운 상황에서도 포기하지 않고 문제를 해결하려는 태도를 보여 줍니다. 스스로 행동하고 도전하며 상황을 이겨 내는 경험은 문제 해결 능력을 기르는 데 중요한 밑바탕이 됩니다.

숨은 뜻 찾기

기본 언어 학습

▶ 시합: 운동이나 그 밖의 경기 따위에서 서로 재주를 부려 승부를 겨루는 일 또는 서로 실력을 겨루는 경기

속담

▶ 정성이 약이다: 정성 어린 말이나 행동이 아픈 몸이나 마음을 낫게 한다는 뜻으로, 친구들의 걱정 어린 말과 관심 덕분에 태우는 다리 아픈 것도 잊고 금세 기운을 되찾는다.

명언

▶ 인생에서 가장 큰 영광은 넘어지지 않는 것이 아니라, 넘어질 때마다 다시 일어나는 것이다: 실수나 실패보다 중요한 것은 다시 일어나는 용기이며, 그것이 진정한 성장이라는 의미로, 태우는 달리기 도중 넘어졌지만 포기하지 않고 다시 일어나 끝까지 달린다.

생각을 여는 지도 Tip

"다쳤을 때 친구가 걱정해 준 적 있니?"와 같은 질문을 해 보세요. 힘들었던 순간에 친구의 따뜻한 위로를 경험하는 것은 감정을 안정시키고, 스스로 문제를 이겨 내는 데 도움이 됩니다.

그림으로 열어 보기

그림을 보고 말해요

- 아이들은 어디에서 무엇을 하고 있나요?
- 앞에서 달리고 있는 아이들의 표정은 어떤가요?
- 모두 같은 옷을 입고 있는 이유는 무엇일까요?
- 달리기를 할 때 어떤 기분이 드나요?

열어 보기 15

교육 활동 영역: 정서 조절, 공감 능력, 또래 관계, 문제 해결

년 월 일 요일 이름: ____________

제목: ____________

체육 시간이었어요. 태우는 달리기 시합을 하다가 그만 넘어지고 말았어요. 다리가 아팠지만, 다시 일어나 달렸어요. 시합이 끝난 후, 친구들이 다가와 걱정스러운 표정으로 말했어요.

"괜찮아?"

그런데 신기하게도, 태우는 그때부터 다리가 별로 아프지 않았어요.

열어 보기 15

01 · 태우는 넘어졌을 때 다리가 아팠나요, 아프지 않았나요? (　)

① 아팠다　② 아프지 않았다　③ 기타

02 · 시합이 끝나고 친구들이 걱정해 주었을 때 태우는 다리가 아팠나요, 아프지 않았나요? (　)

① 아팠다　② 별로 아프지 않았다　③ 전혀 아프지 않았다　④ 기타

03 · 여기는 어디인가요? (　)

① 놀이터　② 영화관　③ 사진관　④ 학교　⑤ 기타

04 · 실패나 실수보다 중요한 것은 다시 일어서는 용기라는 의미를 담고 있는 명언으로, 달리기 시합 중 넘어졌지만 끝까지 달린 태우의 모습에 어울리는 표현은 다음 중 어느 것인가요? (　)

① 행복은 소유가 아니라 나눔에서 비롯된다
② 중요한 것은 넘어지지 않는 것이 아니라, 넘어질 때마다 다시 일어나는 것이다
③ 친구는 어려울 때 진가를 발휘한다
④ 다른 사람을 위해 무언가를 할 수 있을 때, 우리는 비로소 진정한 행복을 경험한다

05 · 태우는 왜 다리가 별로 아프지 않게 되었나요? (　)

① 친구들이 걱정해 줘서　② 아픈 게 다 나아서　③ 기분이 좋아져서　④ 기타

06 · 태우는 아픈데도 왜 참고 달리기를 끝까지 했을까요? (　)

① 인내심이 강해서　② 책임감이 강해서　③ 끈기가 있어서　④ 기타

07 · (　　　)는 혹시 달리기를 하다가 넘어지면 어떻게 할 건가요?

열어 보기 16

교육 활동 영역

• 가족 관계

지현이와 지훈이는 아빠와 함께 놀이공원에 가며 가족 간의 따뜻한 유대감을 느낍니다. 함께 사진을 찍고 손을 흔드는 모습에서 긍정적인 상호작용이 드러납니다. 이를 통해 아이는 가족과 함께하는 시간이 즐겁고 소중하다는 경험을 하게 됩니다.

• 정서 조절

놀이공원에서 아빠와 함께 놀고 사진을 찍으며 지현이와 지훈이는 즐거운 감정을 자연스럽게 표현합니다. 이야기를 통해 아이는 기쁨이나 설렘 같은 감정을 인식하고 건강하게 표현하는 방법을 배울 수 있습니다. 긍정적인 감정을 경험하고 정서적 안정감을 느끼는 기회가 됩니다.

• 사회 규칙

놀이공원에서 회전목마를 이용하며 차례를 지키고 안전하게 놀이기구를 이용하는 태도가 필요합니다. 이야기를 통해 아이는 공공장소에서 지켜야 할 기본적인 사회 규칙을 떠올릴 수 있습니다. 질서와 규칙을 지키며 다른 사람과 함께 이용하는 태도를 배우게 됩니다.

숨은 뜻 찾기

× 속담

▶ 피는 물보다 진하다: 가족은 어떤 관계보다 끈끈하고 특별한 유대감을 가진다는 뜻으로, 지현이와 지훈이는 아빠와 함께 놀이공원에서 즐거운 시간을 보내며 가족의 따뜻한 정을 나눈다.

명언

▶ 가족은 인생의 닻이다: 가족은 삶의 중심을 붙들어 주는 존재로, 언제나 돌아갈 수 있는 정서적 지지대가 된다는 의미다. 아빠와 함께한 시간은 지현이와 지훈이에게 든든하고 안정적인 정서적 기억이 된다.

관용어

▶ 함박웃음을 짓다: 너무 기쁘거나 즐거워서 활짝 웃는 것을 뜻하며, 지현이와 지훈이가 아빠와 놀이공원에서 즐거워하는 모습에서 볼 수 있다.

생각을 여는 지도 Tip

"너는 누구와 사니?"와 같은 질문을 해 보세요. 아이가 자신의 가족을 떠올리고 말로 표현하는 경험은 정서적 안정감과 자아 인식을 기르는 데 도움이 됩니다. 다양한 가족 형태를 자연스럽게 받아들이고 존중하는 태도를 통해 사회적 규칙과 타인에 대한 이해도 함께 자라납니다.

그림으로 열어 보기

그림을 보고 말해요

- 아이들이 누구에게 달려가고 있나요?
- 이 아이들의 표정은 어떤가요?
- 아빠는 어떤 표정인가요?
- 왜 아이들이 이렇게 달려가고 있을까요?

열어 보기 16

교육 활동 영역: 가족 관계, 정서 조절, 사회 규칙

년 월 일 요일 이름: ____________

제목:

지현이와 지훈이는 새로 산 옷을 입었어요. 오늘은 아빠를 만나는 날이거든요. 지현이와 지훈이는 아빠와 함께 놀이공원에 갔어요. 둘은 회전목마를 탔어요.

"지현아, 지훈아! 여기 좀 봐!"

아빠가 사진을 찍었어요. 지현이와 지훈이는 아빠를 보고 손을 흔들었어요.

열어 보기 16

01 · 지현이는 무엇을 타고 있나요? (　　)

① 회전목마　② 자전거　③ 그네　④ 기차

02 · 지현이와 지훈이는 누구를 만났나요? (　　)

① 할아버지　② 할머니　③ 아빠　④ 엄마

03 · 아빠는 회전목마를 타는 아이들을 보며 무엇을 했나요? (　　)

① 손을 흔들었어요　② 사진을 찍었어요
③ 아이스크림을 샀어요　④ 노래를 불렀어요

04 · 너무 기쁘거나 즐거워서 활짝 웃는 모습을 표현한 관용어로, 지현이와 지훈이가 아빠와 놀이공원에서 즐거워하는 모습을 가장 잘 나타내는 말은 다음 중 어느 것인가요? (　　)

① 함박웃음을 짓다　② 코가 납작해지다　③ 발 벗고 나서다　④ 입을 모으다

05 · 지현이와 지훈이는 왜 새 옷을 입었을까요? (　　)

① 다른 옷이 낡아서　② 새 옷이 좋아서
③ 아빠를 만나는 날이어서　④ 다른 옷이 없어서

06 · 지현이와 지훈이의 기분은 어떨까요? (　　)

① 슬프다　② 화가 난다　③ 즐겁다　④ 속상하다　⑤ 기타

07 · (　　　　)는 놀이공원에 가 본 적이 있나요?

열어 보기 17

교육 활동 영역

• 또래 관계

준서와 유라는 간식 나눔을 통해 서로에 대한 호감과 친밀감을 표현합니다. 작은 나눔이 계기가 되어 함께 웃고 즐기는 긍정적인 또래 관계를 형성합니다. 아이들은 이를 통해 친구와 사이좋게 지내는 방법을 자연스럽게 배울 수 있습니다.

• 공감 능력

준서의 말에 유라는 자신이 좋아하는 간식을 나눠 주는 배려심을 보여 줍니다. 이야기를 통해 아이들은 상대의 마음을 이해하고 따뜻하게 반응하는 태도를 익힐 수 있습니다. 작은 행동 속에서도 공감과 나눔의 가치를 배울 수 있는 상황입니다.

• 의사소통

준서는 정중하고 조심스러운 말로 자신의 감정을 표현합니다. 이처럼 상대를 배려하면서 자신의 생각을 전달하는 말하기 방법을 배울 수 있습니다. 유라와의 소통은 듣고 말하는 균형 있는 의사소통 태도의 좋은 예가 됩니다.

숨은 뜻 찾기

기본 언어 학습

▶ 바스락거리다: 종이나 비닐, 나뭇잎 등이 부딪히며 작게 나는 소리를 표현하는 말

▶ 킥킥거리다: 작게 웃는 소리, 주로 재미있거나 장난스러울 때 나는 웃음

표현 익히기

▶ 나도 빼빼로 좋아하는데!: 상대의 말이나 행동에 공감하며 자신도 그렇다고 자연

스럽게 표현하는 말로, '나도'는 동의나 공감을 나타내고, '~는데'는 친근하게 말을 잇거나 감정을 담아 강조할 때 쓰인다.

속담

▶ 가는 정이 있어야 오는 정이 있다: 먼저 다정한 마음을 보여야 상대도 정을 보인다는 뜻으로, 준서는 솔직하게 빼빼로를 좋아한다는 마음을 표현했고, 유라는 기꺼이 빼빼로를 나누며 따뜻한 정을 주고받는다.

관용어

▶ 정을 나누다: 서로 따뜻한 마음이나 친밀한 감정을 주고받는 것을 뜻하며, 쉬는 시간에 빼빼로를 나누는 준서와 유라의 모습에서 볼 수 있다.

생각을 여는 지도 Tip

"누군가와 무엇을 나눠 먹은 적이 있니?"와 같은 질문을 해 보세요. 작은 행동을 통해 마음을 전하고 반응을 주고받는 경험은 또래와의 긍정적인 관계를 형성하는 데 도움이 됩니다. 나누는 과정에서 공감 능력과 자연스러운 의사소통 능력도 함께 자라납니다.

그림으로 열어 보기

그림을 보고 말해요

- 모두 몇 개의 과자가 보이나요?
- ○○는 어떤 과자가 가장 맛있어 보이나요?
- 이런 과자를 먹어 본 적이 있나요? 언제였나요?
- 이 과자를 누구와 함께 나누어 먹고 싶나요?

열어 보기 17

교육 활동 영역: 또래 관계, 공감 능력, 의사소통

년 월 일 요일 이름: ________

제목:

쉬는 시간에 준서는 바스락거리는 소리를 들었어요. 짝꿍 유라가 몰래 빼빼로를 먹고 있었던 거예요. 준서는 작은 목소리로 말했어요.

"나도 빼빼로 좋아하는데!"

그러자 유라는 빼빼로를 나눠 줬어요.

"고마워!"

준서가 말했어요. 둘은 킥킥거리며 빼빼로를 먹었어요.

열어 보기 17

01 · 여기는 어디일까요? (　)

① 교실　② 강당　③ 복도　④ 박물관　⑤ 기타

02 · 유라는 무엇을 먹고 있었나요? (　)

① 과일　② 고기　③ 자장면　④ 과자　⑤ 기타

03 · 준서는 왜 작은 목소리로 말했을까요? (　)

① 원래 목소리가 작아서　② 빼빼로를 달라고 할 용기가 없어서
③ 다른 아이들이 들을까 봐　④ 쉬는 시간이어서　⑤ 기타

04 · 유라는 준서가 빼빼로를 달라고 하지 않았는데도 왜 빼빼로를 나눠 주었을까요? (　)

① 주고 싶어서　② 준서가 빼빼로를 좋아한다고 해서
③ 빼빼로가 많이 남아서　④ 안 주면 준서가 삐질까 봐　⑤ 기타

05 · 서로 따뜻한 마음이나 친밀한 감정을 주고받는 모습을 표현한 관용어로, 쉬는 시간에 빼빼로를 나누며 다정하게 웃는 준서와 유라의 모습에 어울리는 말은 다음 중 어느 것인가요? (　)

① 발이 묶이다　② 눈치를 보다　③ 정을 나누다　④ 기가 막히다

06 · (　　　)는 친구에게 먹을 것을 나눠 준 적이 있나요?

07 · (　　　)는 다른 친구로부터 먹을 것을 받아 본 적이 있나요?

열어 보기 18

교육 활동 영역

• 가족 관계

감정이 격해진 상황을 통해 가족 간 의사소통의 어려움과 조율의 필요성을 느낄 수 있습니다. 아이들은 이를 통해 가족과의 건강한 소통 방식을 고민해 볼 수 있습니다.

• 정서 조절

현아는 반복되는 지시에 짜증을 내며 감정을 조절하지 못하는 모습을 보입니다. 이야기를 통해 아이는 짜증이나 화가 날 때 감정을 조절하는 법을 배울 수 있습니다.

• 기본 생활 습관

엄마의 말처럼 숙제를 제시간에 하는 습관은 일상생활에서 중요한 자기 관리 요소입니다. 현아의 반응을 통해 자율적으로 일과를 조절하는 습관 형성의 필요성을 알 수 있습니다. 아이들은 이를 통해 해야 할 일을 미루지 않는 태도를 배울 수 있습니다.

• 문제 해결

이 이야기를 통해 아이는 감정이 섞인 갈등 상황에서 어떻게 해결책을 찾을 수 있을지 고민하게 됩니다. 대화를 통해 갈등을 조율하고, 상황을 긍정적으로 전환하는 능력이 중요함을 배울 수 있습니다.

숨은 뜻 찾기

기본 언어 학습

▶ 짜증: 마음에 들지 않거나 불쾌해서 화가 나는 기분이나 행동

표현 익히기

▶ 현아야, 숙제하라니까!: 숙제를 하라고 다시 한번 강하게 말할 때 쓰는 표현으로, 이미 여러 번 말했는데도 안 할 때, 다그치듯 강조하며 하는 말

속담

▶ 쇠귀에 경 읽기: 아무리 말을 해도 전혀 알아듣지 못하거나 들으려 하지 않는 상황을 이르는 말로, 엄마가 여러 번 숙제하라고 말했지만, 현아는 듣는 둥 마는 둥 하며 스마트폰만 보고 있다.

관용어

▶ 딴전 피우다: 해야 할 일이나 중심이 되는 말에서 벗어나 다른 행동을 하거나 관심을 돌리는 것을 뜻한다. 현아는 숙제를 해야 하는 상황에서도 스마트폰을 보며 딴전을 피운다.

생각을 여는 지도 Tip

"하고 싶은 걸 중단하고 하기 싫은 걸 해야 할 때 너는 어떻게 하니?"와 같은 질문을 해 보세요. 일상 속에서 스스로 할 일을 선택하고 실천하는 과정은 기본 생활 습관과 문제 해결 능력을 기르는 데에도 중요한 밑거름이 됩니다.

그림으로 열어 보기

그림을 보고 말해요

- 스마트폰 화면에 무엇이 보이나요?
- 스마트폰은 주로 언제 사용하나요?
- 스마트폰을 너무 오래 보면 어떤 일이 생길 수 있을까요?
- 스마트폰을 사용할 때 주의해야 할 점은 무엇인가요?

열어 보기 18

교육 활동 영역: 가족 관계, 정서 조절, 기본 생활 습관, 문제 해결

년 월 일 요일 이름: ______________

제목: ______________________________

현아는 스마트폰을 보고 있었어요. 엄마가 말했어요.

"현아야, 스마트폰 그만 보고 숙제해."

현아가 "네." 하고 대답했어요. 잠시 후, 엄마가 화난 목소리로 소리쳤어요.

"현아야, 숙제하라니까!"

그러자 현아도 짜증을 냈어요.

"알았어요. 알았다고요!"

열어 보기 18

01 · 엄마는 현아에게 무엇을 하라고 했나요? (　　)

① 청소　② 숙제　③ 빨래　④ 운동

02 · 현아는 엄마의 말에 어떻게 대답했나요? (　　)

① 예　② 아니요　③ 싫어요　④ 나중에 할게요

03 · 현아는 대답한 대로 했나요? 아니면 하지 않았나요? (　　)

① 했어요　② 하지 않았어요　③ 기타

04 · 현아는 "네."라고 대답했는데 왜 숙제를 하지 않았나요? (　　)

① 깜박 잊어서　② 이따 하려고　③ 하기 싫어서
④ 스마트폰이 재미있어서　⑤ 기타

05 · 아무리 말을 해도 전혀 알아듣지 못하거나 들으려 하지 않는 상황을 표현한 속담으로, 엄마의 말을 듣고도 계속 스마트폰을 보는 현아의 모습에 어울리는 말은 다음 중 어느 것인가요? (　　)

① 쇠귀에 경 읽기　② 개밥에 도토리
③ 시작이 반이다　④ 낫 놓고 기역 자도 모른다

06 · 잠시 후에 엄마는 왜 화난 목소리로 말했을까요?

07 · (　　　　)는 엄마의 말을 듣지 않아서 엄마가 화난 적이 있나요? (　　)

① 예　② 아니요　③ 기타

열어 보기 19

교육 활동 영역

• 가족 관계

이야기 속 가족은 각자 역할을 나누어 가정의 일을 함께하고 있습니다. 함께 식사하는 장면은 가족 간의 일상적 소통과 유대감을 형성하는 시간입니다. 아이들은 이를 통해 가족 안에서 서로 협력하고 배려하는 관계를 배웁니다.

• 기본 생활 습관

엄마의 부름에도 반응하지 않는 아이들의 모습은 식사 시간에 대한 태도 형성과 연결됩니다. 이야기를 통해 아이는 정해진 시간에 식사에 참여하고, 부모님의 말을 잘 듣는 습관을 배울 수 있습니다.

• 사회 규칙

'밥 먹자'는 말에 모두가 응답하지 않는 상황은 기본적인 공동생활 규칙의 중요성을 알려 줍니다. 이야기를 통해 아이는 공동체 안에서 지켜야 할 예의와 기본 규칙을 이해하게 됩니다. 또한 약속된 시간과 질서를 지키는 태도를 기르도록 도울 수 있습니다.

숨은 뜻 찾기

표현 익히기

▶ 빨리 와서 식사하라니까!: 상대가 식사 자리에 오지 않을 때 재촉하며 다시 한 번 말하는 표현으로, '~라니까'는 이미 말한 내용을 강조하거나 답답한 마음을 담아 다시 전달할 때 사용된다.

관용어

- 들은 둥 만 둥 하다: 들었는지 못 들었는지 모를 정도로 말을 대수롭지 않게 여기고 행동하지 않는 것을 뜻한다. 엄마가 식사하라고 말했지만 세영이와 세훈이는 들은 둥 만 둥 하며 계속 장난감을 가지고 논다.
- 귓등으로 듣다: 상대의 말에 귀 기울이지 않고 건성으로 듣는 것을 뜻한다. 엄마가 식사하자고 말했지만, 세영이와 세훈이는 귓등으로 듣고 장난감을 계속 가지고 논다.

속담

- 한 귀로 듣고 한 귀로 흘린다: 남의 말을 제대로 듣지 않고 대충 흘려버리는 태도를 뜻하며, 엄마가 식사하라고 여러 번 말해도 아무도 반응하지 않는 상황에 어울린다.

생각을 여는 지도 Tip

"식사하자고 할 때 바로 가는 편이야, 아니면 두 번, 세 번 불러야 가?"와 같은 질문을 해 보세요. 가족과의 식사 시간을 소중히 여기고 정해진 시간에 행동하는 습관은 기본 생활 습관 형성에 도움이 됩니다. 공동생활에서의 약속과 질서를 지키는 경험은 사회 규칙을 익히는 데에도 중요한 역할을 합니다.

그림으로 열어 보기

그림을 보고 말해요

- 이 음식은 무엇일 것 같나요?
- 어떤 재료들이 들어 있는 것 같나요?
- 김이 나는 걸로 보아 음식이 어떤 상태일까요?
- 이런 음식을 누구와 함께 먹고 싶나요?

열어 보기 19

교육 활동 영역: 가족 관계, 기본 생활 습관, 사회 규칙

년 월 일 요일 이름: ____________

제목: ______________________

저녁이에요. 엄마는 주방에서 요리를 하고, 아빠는 화장실 청소를 하고 있어요. 세영이와 세훈이는 장난감을 가지고 놀고 있어요. 주방에서는 김치찌개 냄새가 나요. 잠시 후 엄마가 말해요.

"다들 와서 식사해요."

그런데 아무도 오지 않아요. 엄마가 다시 소리쳐요.

"빨리 와서 식사하라니까!"

열어 보기 19

01 · 지금은 언제 인가요? (　　)

① 아침　② 점심　③ 저녁　④ 밤

02 · 엄마는 무엇을 만드시나요? (　　)

① 짜장면　② 된장찌개　③ 김치찌개　④ 라면

03 · 남의 말을 제대로 듣지 않고 대충 흘려버리는 태도를 표현한 속담으로, 엄마가 식사하라고 여러 번 말해도 아무도 반응하지 않는 상황에 어울리는 말은 다음 중 어느 것인가요? (　　)

① 말 한마디에 천 냥 빚도 갚는다　② 꿩 먹고 알 먹는다
③ 한 귀로 듣고 한 귀로 흘린다　④ 입은 비뚤어져도 말은 바로 해라

04 · 엄마가 식사하라는 말을 몇 번 했나요? (　　)

① 한 번　② 두 번　③ 세 번　④ 네 번

05 · 엄마가 식사하라고 부르는데 왜 아무도 가지 않았을까요? (　　)

① 먹기 싫어서　② 못 들어서　③ 다른 일에 정신을 뺏겨서
④ 마무리하고 가려고　⑤ 기타

06 · 엄마는 왜 두 번째 부를 때 큰 목소리를 냈을까요? (　　)

① 불러도 오지 않아서　② 안 들리는 줄 알고　③ 화가 나서　④ 기타

07 · 엄마가 불러도 못 들은 적이 있나요? (　　)

① 예　② 아니요　③ 기타

열어 보기 20

교육 활동 영역

• 또래 관계

예지와 준혁이는 아침 인사를 나누고 함께 등교하며 친구 간의 자연스러운 교류와 친밀감을 보여 줍니다. 이야기를 통해 아이는 또래 친구와 긍정적인 관계를 맺는 방법을 배울 수 있습니다. 친절한 말, 함께 걷기, 관심 표현 등 친구와 잘 지내는 행동이 드러납니다.

• 공감 능력

준혁이는 예지의 머리핀을 보고 칭찬하며 관심을 표현합니다. 예지는 그 말에 기분 좋게 웃으며 응답하면서 감정을 주고받는 공감이 이루어집니다. 이 장면은 다른 사람의 기분을 생각하고 따뜻한 말을 전하는 태도를 배우는 기회가 됩니다.

• 사회 규칙

인사하는 장면을 통해 아이들은 사람을 만나면 인사하는 기본적인 예절을 익힐 수 있습니다. 이야기 속 인사는 상대에 대한 존중과 사회적 관계의 시작을 의미합니다. 또한 상대의 말을 듣고 적절하게 반응하는 태도도 중요한 사회 규칙임을 알 수 있습니다.

숨은 뜻 찾기

기본 언어 학습

▶ 가리키다: 손가락이나 물건을 이용해 어떤 방향이나 대상을 알려 주거나 보여 주다.

표현 익히기

▶ 그래? 어제 엄마가 사 주셨어: 칭찬이나 관심에 반응하며 기분 좋게 설명을 덧붙일 때 쓰는 표현으로, '그래?'는 상대의 말에 놀람, 호기심, 준혁이의 말에 반응하며 자연스럽게 이어지는 대화 표현이다.

속담

▶ 가는 말이 고와야 오는 말이 곱다: 다른 사람에게 고운 말을 하면 상대도 기분 좋은 말로 답하게 된다는 뜻으로, 예지가 반갑게 인사하고, 준혁이도 다정하게 인사하며 예지의 머리핀을 예쁘다고 칭찬한다.

관용어

▶ 마음을 녹이다: 따뜻한 말이나 행동으로 상대의 마음을 부드럽게 만들거나 감동시키는 것을 뜻한다. 준혁이의 칭찬에 예지는 기분이 좋아 활짝 웃으며 대답하고, 마음이 따뜻해진다.

생각을 여는 지도 Tip

"누군가가 너한테 칭찬해 준 적이 있니?"와 같은 질문을 해 보세요. 칭찬을 주고받는 경험은 긍정적인 또래 관계를 형성하고, 타인의 말에 기분 좋게 반응하는 공감 능력을 기르는 데 도움이 됩니다.

그림으로 열어 보기

그림을 보고 말해요

- 이 물건은 무엇인가요?
- 어디에 사용하는 도구인가요?
- 이 머리핀을 누가 하고 있을 것 같나요?
- 이 머리핀을 선물해 주고 싶은 사람이 있다면 누구인가요?

열어 보기 20

교육 활동 영역: 또래 관계, 공감 능력, 사회 규칙

년　월　일　요일 이름: ____________

제목: -

예지는 학교 가는 길에 준혁이를 만났어요.

"준혁아, 안녕!"

예지가 인사를 했어요.

"예지야, 안녕! 같이 가자."

준혁이가 대답했어요.

"머리핀 예쁘네."

준혁이는 예지의 머리핀을 가리켰어요. 예지는 활짝 웃으며 말했어요.

"그래? 어제 엄마가 사 주셨어."

열어 보기 20

01 · 예지는 학교 가는 길에 누구를 만났나요? (　)

① 엄마　② 준혁이　③ 아빠　④ 상철이　⑤ 선생님

02 · 누가 예쁜 머리핀을 했나요? (　)

① 혜리　② 준혁이　③ 예지　④ 상철이　⑤ 지윤이

03 · 상대에게 고운 말을 해야 좋은 말을 들을 수 있다는 의미의 속담으로, 준혁이가 예지에게 머리핀이 예쁘다고 말하자 예지도 웃으며 대답한 상황에 어울리는 말은 다음 중 어느 것인가요? (　)

① 개천에서 용 난다　② 고래 싸움에 새우 등 터진다
③ 천 리 길도 한 걸음부터　④ 가는 말이 고와야 오는 말이 곱다

04 · 준혁이가 머리핀이 예쁘다고 했을 때 예지는 어떤 생각이 들었을까요? (　)

① 머리핀을 빼앗길까 봐 걱정했다
② 준혁이가 머리핀을 갖고 싶어 한다고 생각했다
③ 장난으로 말한 줄 알았다
④ 예쁘다고 해 줘서 기분이 좋고 고마웠다
⑤ 기타

05 · 누가 누구에게 머리핀이 예쁘다고 했나요? (　)

① 예지가 지혜에게　② 준혁이가 지혜에게
③ 예지가 준혁에게　④ 준혁이가 예지에게

06 · (　　　)는 다른 친구의 좋은 점을 칭찬해 본 적이 있나요? (　)

① 예　② 아니요　③ 기타

07 · (　　　)는 다른 친구로부터 칭찬을 들어 본 적이 있나요? (　)

① 예　② 아니요　③ 기타

열어 보기 21

교육 활동 영역

• 가족 관계

서준이가 다쳐서 울며 돌아왔을 때, 엄마는 깜짝 놀라며 즉시 아이를 걱정하고 돌보는 반응을 보입니다. 엄마의 말과 행동을 통해 아이는 가족의 보호와 관심, 정서적 유대감을 느낄 수 있습니다. 이야기를 통해 가족 간의 따뜻한 반응과 연결이 중요하다는 것을 배울 수 있습니다.

• 정서 조절

서준이는 다친 상황에서 슬픔과 당황스러움, 두려움 등 복합적인 감정을 경험합니다. 이때 감정을 제대로 표현하지 못하고 거짓말로 회피하는 모습은 조절이 어려운 상태를 보여 줍니다. 이야기를 통해 아이는 감정을 솔직하게 표현하고 조절하는 방법의 중요성을 배울 수 있습니다.

• 문제 해결

서준이는 문제 상황을 정확히 설명하지 않고 책임을 다른 사람에게 돌리는 방식으로 문제를 피하려 합니다. 이 장면은 아이들에게 문제를 정직하게 마주하고 해결해야 하는 이유를 생각하게 합니다. 올바른 해결 방법을 찾기 위해서는 정직함과 용기가 필요함을 배울 수 있는 이야기입니다.

숨은 뜻 찾기

관용어

▶ 입에 침도 안 바르고 거짓말하다: 아무렇지도 않게 태연하게 거짓말을 한다는 뜻

으로, 서준이는 스스로 넘어진 일을 감추기 위해 곧바로 민우가 밀었다고 거짓말을 한다.

명언

▶ 거짓말은 눈덩이와 같다. 굴리면 굴릴수록 커진다: 작은 거짓말도 시간이 지날수록 점점 더 큰 문제를 만들 수 있다는 의미로, 서준이는 실수로 넘어진 일을 감추기 위해 거짓말을 했고, 그 말은 상황을 더 크게 만들며 엄마까지 오해하게 한다.

생각을 여는 지도 Tip

"거짓말해 본 적 있니?"와 같은 질문을 해 보세요. 자신의 행동을 돌아보고 솔직하게 말해 보는 경험은 정서 조절에 도움이 됩니다. 잘못을 감추고 싶은 마음이나 두려운 감정을 이해하고, 어떻게 상황을 풀어 갈지 고민해 보는 과정은 문제 해결 능력과 올바른 가치 판단을 기르는 데 도움이 됩니다.

그림으로 열어 보기

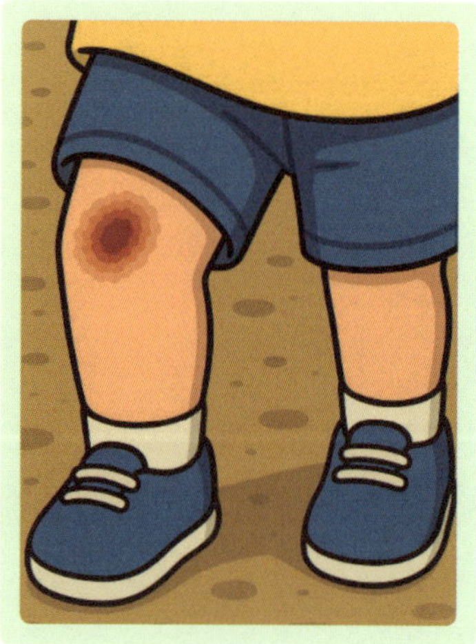

그림을 보고 말해요

- 이 아이는 어디를 다친 것 같나요?
- 왜 무릎에 상처가 났을까요? 어떤 일이 있었을까요?
- 다쳤을 때 어떤 기분이 들었을까요?
- ○○도 다쳐 본 적이 있나요? 어디였나요?

열어 보기 21

교육 활동 영역: 가족 관계, 정서 조절, 문제 해결

년 월 일 요일 이름: ____________

제목: ______________________________

서준이가 혼자 뛰다가 넘어졌어요. 무릎에서 피가 났어요. 울면서 집으로 돌아왔어요. 엄마가 깜짝 놀라서 큰소리로 물었어요.

"앗! 어쩌다가 다쳤어?"

서준이는 한참 생각하다가 대답했어요.

"민우가 밀었어!"

그 말을 듣고 엄마가 화난 목소리로 말했어요.

"이런! 얼른 약 바르고 민우네 집에 가자."

열어 보기 21

01 · 서준이는 왜 다쳤나요? (   )

① 싸우다가 ② 공에 맞아서 ③ 넘어져서 ④ 맞아서

02 · 서준이는 왜 넘어졌나요? (   )

① 민우가 밀어서 ② 계단을 오르다가 ③ 뛰다가 ④ 조심해서 걷다가

03 · 민우는 서준이를 밀었나요? (   )

① 예 ② 아니요 ③ 기타

04 · 서준이는 왜 민우가 밀었다고 말했을까요? (   )

① 혼자 뛰다가 넘어졌다고 하면 혼날까 봐 ② 민우가 진짜로 밀어서
③ 엄마가 갑자기 물어봐서 ④ 잘 기억이 안 나서
⑤ 기타

05 · 엄마는 왜 민우네 집에 가려고 하나요? (   )

① 사실인지 확인하려고 ② 서준이를 왜 밀었는지 물어보려고
③ 민우를 혼내 주려고 ④ 사이좋게 지내라고 말하려고 ⑤ 기타

06 · 처음에는 사소한 거짓말이라도 나중에는 점점 더 커져서 감당하기 어려워진다는 의미의 명언으로, 민우가 밀었다는 서준이의 거짓말에 어울리는 표현은 다음 중 어느 것인가요? (   )

① 진정한 기쁨은 누군가를 위해 자신을 내어 줄 때 피어난다
② 거짓말은 눈덩이와 같다. 굴리면 굴릴수록 커진다
③ 넘어질 때마다 다시 일어나는 것이 진짜 용기이다
④ 내가 가진 가장 큰 기쁨은 누군가의 삶을 더 낫게 만드는 것이다

07 · (   )는 거짓말을 해 본 적이 있나요?

① 예 ② 아니요 ③ 기타

열어 보기 22

교육 활동 영역

• 정서 조절

민우는 상황을 빨리 끝내기 위해 약속을 합니다. 하지만 이 상황을 통해 감정을 억누르는 것보다는 진실을 말하는 것이 더 좋은 해결 방법임을 배울 수 있습니다.

• 문제 해결

민우는 서준이를 밀지 않았지만, 상황이 복잡해지자 갈등을 키우지 않기 위해 타협하는 방식으로 문제를 마무리합니다. 정확한 사실이 드러나지 않은 상황에서 빠르게 갈등을 줄이려는 행동을 보여 줍니다.

• 의사소통

민우는 놀란 마음이지만 자신의 입장을 말로 표현하려고 했습니다. 그러나 어른들의 단정적인 질문과 반응 앞에서 충분히 설명하기 어려운 상황을 경험하게 됩니다. 이야기를 통해 아이는 자신의 상황을 솔직하고 정확하게 전달하는 의사소통 능력의 중요성을 배울 수 있습니다.

숨은 뜻 찾기

기본 언어 학습

▶ 심각하다: 매우 진지하고 무거운 분위기를 가지다.

▶ 고개를 젓다: 상대의 말이나 행동에 대해 부정하거나 거절, 또는 반대의 뜻을 나타낼 때 사용하는 비언어 표현으로, '고개를 끄덕이다'(긍정)의 반대 의미다.

표현 익히기

▶ 다시는 서준이를 밀지 않겠다고 약속만 해 줘. 응?: 잘못한 일을 되풀이하지 않겠다는 다짐을 부탁할 때 쓰는 표현으로, '~만 해 줘'는 강요보다는 간곡히 부탁하는 말투이며, '응?'은 부드럽게 동의를 구할 때 사용된다.

관용어

▶ 얼렁뚱땅 넘어가다: 분명히 따지거나 바로잡지 않고 대충 넘기려는 태도를 뜻한다. 민우는 자신이 하지 않은 일인데도 상황이 불편해져 억지로 약속하며 얼렁뚱땅 넘어가려 한다.

▶ 눈치를 보다: 상대의 기분이나 분위기를 살피며 조심스럽게 행동하는 것을 뜻한다. 민우는 어른들의 말과 표정을 살피며 눈치를 보다 결국 고개를 숙이고 약속한다.

생각을 여는 지도 Tip

"만약 네가 민우라면 어떻게 할래?"와 같은 질문을 해 보세요. 아이가 억울하거나 당황스러운 상황을 떠올리고 자신의 생각을 말해 보는 경험은 의사소통 능력과 문제 해결력 향상에 도움이 됩니다. 감정을 가라앉히고 상황을 이해하려는 태도는 정서 발달에도 긍정적인 영향을 줍니다.

그림으로 열어 보기

그림을 보고 말해요

- 이 손 모양은 무엇을 뜻하나요?
- ○○는 누구와 약속을 해 본 적이 있나요?
- 약속을 지키지 않으면 어떤 일이 생길까요?
- ○○는 어떤 약속을 가장 중요하게 생각하나요?

열어 보기 22

교육 활동 영역: 정서 조절, 문제 해결, 의사소통

년 월 일 요일 이름: ____________

제목: ______________________

"민우야."

엄마가 불러서 나가 보니, 서준이와 서준이 엄마가 와 있었어요.

"네가 서준이 밀었니?"

엄마가 심각한 얼굴로 물었어요.

"아니야! 난 안 밀었어."

민우는 깜짝 놀라서 고개를 저었어요. 그러자 서준이 엄마가 말했어요.

"민우야, 혼내려는 게 아니야. 다시는 서준이를 밀지 않겠다고 약속만 해 줘. 응?"

민우는 고개를 숙이며 이렇게 대답했어요.

"알겠어요. 다시는 밀지 않을게요."

열어 보기 22

01 · 서준이 엄마는 민우를 어떻게 대했나요? (　　)

① 화를 냈다　② 혼냈다　③ 조용히 달랬다
④ 무섭게 쳐다봤다　⑤ 기타

02 · 민우는 엄마의 질문에 어떻게 대답했나요? (　　)

① "네."　② "아니야!"　③ "서준이가 먼저 밀었어."　④ "기억 안 나."

03 · 서준이 엄마는 민우에게 무엇을 부탁했나요? (　　)

① 사과하기　② 친구들과 친해지기　③ 사이좋게 놀기
④ 밀지 않겠다고 약속하기　⑤ 기타

04 · 어떤 상황을 분명하게 밝히지 않거나 정확한 설명 없이 대충 넘기는 태도를 표현한 관용어로, 서준이를 밀지 않았는데도 그냥 약속하고 상황을 마무리하려는 민우의 모습에 어울리는 말은 다음 중 어느 것인가요? (　　)

① 머리를 맞대다　② 콧대가 높다　③ 발 벗고 나서다　④ 얼렁뚱땅 넘어가다

05 · 민우는 왜 '밀지 않겠다고' 대답했을까요? (　　)

① 서준이 엄마가 대답하라고 해서　② 자기가 잘못했다고 생각해서
③ 엄마가 화를 낼까 봐 걱정돼서　④ 빨리 끝내고 싶어서　⑤ 기타

06 · 민우의 대답을 듣고 엄마들은 어떻게 생각했을까요? (　　)

① 민우가 밀었다고 생각함　② 서준이가 거짓말을 했다고 생각함
③ 앞으로는 민우가 서준이를 밀지 않을 거라고 생각함　④ 기타

07 · 만약 (　　　　)가 민우라면 어떻게 대답할 건가요?

열어 보기 23

교육 활동 영역

• 문제 해결

예준이는 풀을 찾기 위해 노력하지만, 찾지 못하자 문제를 해결하지 못하고 포기합니다. 이야기를 통해 아이는 도움을 요청하거나 다른 방법을 찾는 등 다양한 해결 전략이 있음을 배울 수 있습니다. 이 내용을 바탕으로 도전 중의 어려움을 끝까지 해결하려는 태도가 중요하다는 걸 느낄 수 있습니다.

• 정서 조절

예준이는 원하는 결과를 얻지 못하자 실망한 감정을 조절하지 못하고 작품을 버리는 행동을 보입니다. 이 장면을 통해 아이는 좌절감을 느꼈을 때 감정을 어떻게 다루고 표현해야 하는지를 배울 수 있습니다. 나아가 실수나 문제 상황에서 감정적으로 대응하지 않고 현명하게 대처하는 방법의 중요성을 깨달을 수 있습니다.

• 자기 조절

예준이는 작은 실패 앞에서 충동적으로 비행기를 버리는 선택을 합니다. 이 장면은 아이에게 참을성과 끈기, 행동을 조절하는 습관의 중요성을 일깨워 줍니다. 이야기를 통해 아이는 문제가 생겨도 침착하게 대처하고, 감정을 조절하며 상황을 마무리하는 힘을 기를 수 있습니다.

숨은 뜻 찾기

기본 언어 학습

▶ 거의: 어떤 일이 끝나거나 이루어지기 바로 전 단계에 가까운 상태

속담

- 다 된 밥에 코 빠뜨리다: 거의 다 되어 가던 일을 마지막에 망쳐 버리는 상황을 이르는 말로, 예준이는 거의 완성한 종이비행기를 풀이 없어 붙이지 못하고 결국 버리며 일을 망쳐 버린다.

관용어

- 물거품이 되다: 애써 이루려던 일이나 기대했던 결과가 아무 소용없이 사라지는 것을 뜻한다. 예준이는 정성껏 만든 종이비행기를 마무리하지 못하고 버리며 노력한 결과가 물거품이 된다.

생각을 여는 지도 Tip

"풀이 없다고 종이비행기를 버려야 했을까?"와 같은 질문을 해 보세요. 원하는 대로 되지 않는 상황에서 감정을 조절하고 끝까지 해결해 보려는 태도는 자기 조절과 문제 해결 능력을 기르는 데 도움이 됩니다. 포기하고 싶은 마음을 다루는 과정에서 아이는 자신의 감정을 인식하고 조절하는 힘도 함께 키워 나갈 수 있습니다.

그림으로 열어 보기

그림을 보고 말해요

- 종이비행기가 왜 여기에 있을까요?
- 이 종이비행기를 만든 사람은 어떤 기분이었을까요?
- ○○도 무언가를 만들었다가 실패했던 적이 있나요?
- 실패했을 때 ○○는 어떻게 하나요?

열어 보기 23

교육 활동 영역: 문제 해결, 정서 조절, 자기 조절

년 월 일 요일 이름: ____________

제목: ____________

예준이가 종이비행기를 접었어요. 거의 완성된 상태였어요. 마지막으로 날개 부분을 풀로 붙이려고 했어요.

"엄마, 풀 어디 있어요?"

예준이가 물었어요.

"글쎄, 네가 잘 찾아봐."

엄마가 말했어요. 예준이는 여기저기 뒤져 봤지만, 풀이 보이지 않았어요. 결국 예준이는 비행기를 휴지통에 버리고 말았어요.

열어 보기 23

01 • 예준이가 종이비행기를 완성하려면 무엇이 필요했나요? (　)

① 가위　② 색연필　③ 풀　④ 테이프

02 • 엄마는 예준이에게 뭐라고 하셨나요? (　)

① "네 건데 왜 나한테 묻니?"　② "네가 잘 찾아봐."
③ "쓰고 나면 잘 둬어야지."　④ "지난번에 네가 썼잖아."

03 • 애써 준비하거나 기대하던 일이 갑자기 헛되게 되어 버리는 상황을 표현한 관용어로, 정성껏 만든 종이비행기를 결국 완성하지 못하고 버린 예준이의 모습에 어울리는 말은 다음 중 어느 것인가요? (　)

① 물거품이 되다　② 기가 막히다　③ 발을 구르다　④ 귀가 얇다

04 • 예준이가 만든 종이비행기는 어떤 상태였나요? (　)

① 완전히 접히지 않았다　② 거의 완성되었다　③ 색칠이 필요했다
④ 종이가 찢어졌다　⑤ 기타

05 • 예준이가 종이비행기를 버린 이유는 무엇인가요? (　)

① 풀이 없어서　② 비행기가 망가져서　③ 엄마가 도와주지 않아서
④ 비행기를 완성하지 못해서　⑤ 기타

06 • 종이비행기를 버리지 않고 해결할 방법에는 무엇이 있을까요?

07 • (　　　)는 무언가를 하다가 포기한 적이 있나요? (　)

① 예　② 아니요　③ 기타

열어 보기 24

교육 활동 영역

• 정서 조절

이 이야기를 통해 아이는 욕구가 충족되지 않을 때 생기는 감정을 인식하고 조절하는 방법을 배울 수 있습니다. 또한 자신의 감정을 다른 사람에게 부담을 주지 않는 방식으로 표현하는 연습이 필요함을 알게 됩니다.

• 사회 규칙

민서의 행동은 공공장소에서 지켜야 할 예절과 규칙의 중요성을 보여 줍니다. 마트처럼 사람들이 많은 곳에서는 감정을 조절하며 타인을 배려하는 태도가 필요합니다. 이야기를 통해 아이는 장소에 맞는 행동과 말하기 예절을 자연스럽게 익힐 수 있습니다.

• 가족 관계

엄마는 민서의 떼쓰는 행동에 난처해하면서도 아이의 감정을 살피고 상황을 조율하려 합니다. 이 장면은 부모가 아이의 요구를 무조건 수용하기보다 설명하고 조절하려는 노력을 보여 줍니다. 이를 통해 아이는 가족 간 의사소통과 감정 조율이 어떻게 이루어지는지 배울 수 있습니다.

숨은 뜻 찾기

기본 언어 학습

▶ 조르다: 다른 사람에게 끈질기게 무엇을 자꾸 요구하다.

▶ 난처하다: 어떻게 해야 할지 몰라 곤란하고 민망하다.

관용어

- 진땀을 흘리다: 긴장하거나 곤란한 상황에서 매우 난처해하거나 힘들어하는 모습을 뜻한다. 민서가 마트에서 인형을 사 달라고 떼를 쓰자 엄마는 난처한 표정으로 주변을 살피며 진땀을 흘린다.
- 눈살을 찌푸리다: 불쾌하거나 못마땅한 상황에서 얼굴을 찡그리는 모습을 뜻한다. 민서가 마트에서 큰소리로 떼를 쓰자 주변 사람들은 눈살을 찌푸린다.

명언

- 아이에게 모든 것을 다 주는 것은 아무것도 주지 않는 것과 같다: 필요한 것을 구별하지 않고 원하는 대로 다 들어주는 것은 아이의 성장을 돕지 못하고, 오히려 아무것도 가르쳐 주지 않는 것과 같다는 의미로, 엄마는 민서의 떼쓰는 요구를 거절하며, 지금 필요한 것이 무엇인지 알려 주려 한다.

생각을 여는 지도 Tip

"사 달라고 떼써 본 적 있니?"와 같은 질문을 해 보세요. 떼를 쓰는 경험을 돌아보는 것은 자신의 정서를 인식하고 점차 조절하는 데 도움이 됩니다. 감정 표현의 방법을 배우고, 공공장소에서 지켜야 할 사회 규칙도 자연스럽게 익혀 갈 수 있습니다.

그림으로 열어 보기

그림을 보고 말해요

- 이 아이는 지금 어떤 표정을 짓고 있나요?
- 아이가 왜 울고 있을지 상상해 볼 수 있나요?
- 아이가 안고 있는 인형은 어떤 모습인가요?
- 이 아이에게 어떤 말을 해 주면 좋을까요?

열어 보기 24

교육 활동 영역: 정서 조절, 사회 규칙, 가족 관계

년　　월　　일　　요일 이름: ____________

제목: ______________________________

민서는 엄마와 함께 마트에 왔어요.

"엄마, 이 인형 사 줘!"

민서는 하츄핑 인형 앞에서 엄마를 졸랐어요. 하지만 엄마는 이렇게 말했어요.

"안 돼! 오늘은 반찬거리 사러 왔어. 그리고 하츄핑 인형은 집에 있잖아."

민서는 큰소리로 울며 소리쳤어요.

"이건 그거랑 다른 거야! 사 줘, 사 달라고!"

엄마는 난처한 표정으로 주변 눈치를 살폈어요.

열어 보기 24

01 · 엄마는 무엇을 사러 마트에 왔을까요? (   )

① 감자 ② 모자 ③ 옷 ④ 가방 ⑤ 인형

02 · 감자, 양파, 시금치 같은 것을 무엇이라 하나요? (   )

① 과일 ② 곡물 ③ 동물 ④ 채소

03 · 민서처럼 갖고 싶은 게 있으면 (   )는 어떻게 하나요?

04 · 민서는 왜 하추핑 인형을 사 달라고 할까요? (   )

① 인형이 없어서 ② 집에 있는 인형이랑 달라서 ③ 또 갖고 싶어서
④ 하추핑 인형을 좋아해서 ⑤ 기타

05 · 엄마는 왜 안 된다고 할까요? (   )

① 같은 인형이 집에 있어서 ② 사 주기 싫어서 ③ 반찬거리를 사러 왔기 때문에
④ 돈이 없어서 ⑤ 기타

06 · 매우 곤란하거나 난처한 상황에서 어쩔 줄 몰라 당황하는 모습을 표현한 관용어로, 마트에서 큰 소리로 떼를 쓰는 민서를 바라보며 엄마가 난처해하는 상황에 어울리는 말은 다음 중 어느 것인가요? (   )

① 등을 돌리다 ② 마음을 잡다 ③ 그림의 떡 ④ 진땀을 흘리다

07 · (   )는 민서처럼 엄마한테 무엇인가를 사 달라고 조른 적이 있나요? (   )

① 예 ② 아니요

열어 보기 25

교육 활동 영역

• 또래 관계

민서와 윤지는 장난감을 둘러싼 갈등으로 사이가 벌어집니다. 이야기를 통해 아이는 친구 관계에서 생길 수 있는 갈등과 그로 인한 감정 변화를 이해하고, 나아가 친구와 잘 지내기 위해 필요한 배려와 존중의 태도를 생각해 볼 수 있습니다.

• 정서 조절

윤지는 원하는 것을 얻지 못하자 화가 나서 인형을 던지고 소리치며 감정을 폭발시킵니다. 이야기를 통해 아이는 감정이 격해졌을 때 어떻게 스스로를 다스릴 수 있는지 배울 수 있습니다. 또한 감정을 표현하는 것도 중요하지만, 상대방을 존중하며 표현하는 방식이 필요함을 알게 됩니다.

• 문제 해결

이 장면은 아이들에게 서로의 입장을 듣고 타협하거나 대화를 통해 문제를 풀어야 한다는 교훈을 줍니다. '싫어도 말로 표현하기' '기분이 나쁠 땐 어떻게 해야 할까?'와 같은 문제 해결 전략을 함께 배울 수 있습니다.

숨은 뜻 찾기

기본 언어 학습

▶ 단호하다: 말이나 행동이 흐리지 않고 아주 분명하고 확실하다.

▶ 이까짓: 대수롭지 않거나 별것 아닌 것을 낮춰 이르는 말

속담

▶ 가는 말이 고와야 오는 말이 곱다: 다른 사람에게 따뜻하고 공손한 말을 해야 상대도 기분 좋은 말로 응답한다는 뜻으로, 윤지가 인형을 빌려 달라고 했을 때 민서가 단호하게 거절하며 말다툼이 생기자 결국 윤지는 화를 내며 인형을 던진다.

관용어

▶ 찬물을 끼얹다: 분위기나 감정이 좋았던 상황에서 갑작스럽게 기분을 상하게 하거나 흐름을 망치는 것을 뜻한다. 민서가 인형을 빌려주지 않자 윤지는 화를 내며 인형을 바닥에 던지고 나가겠다고 해서 함께 놀던 분위기에 찬물을 끼얹는다.

생각을 여는 지도 Tip

"만약 네가 아끼는 것을 친구가 빌려 달라고 하면 너는 어떻게 할 거야?"와 같은 질문을 해 보세요. 소중한 것을 지키고 싶은 마음과 친구와의 관계 사이에서 스스로 판단해 보는 경험은 정서 조절과 문제 해결 능력을 기르는 데 도움이 됩니다. 이러한 상황을 통해 또래와의 갈등을 이해하고 조율하는 방법도 자연스럽게 배울 수 있습니다.

그림으로 열어 보기

그림을 보고 말해요

- 어떤 인형을 가지고 놀고 있나요?
- 두 아이의 표정은 어떤가요?
- 친구와 함께 놀 때 기분이 어떤가요?
- ○○는 장난감을 가지고 친구와 함께 놀아 본 적 있나요?

열어 보기 25

교육 활동 영역: 또래 관계, 정서 조절, 문제 해결

년 월 일 요일 이름: ____________

제목: ____________

민서네 집에 윤지가 놀러 왔어요. 둘은 민서의 장난감을 가지고 놀고 있었어요.

"민서야, 이 인형 너무 예쁘다. 나 좀 빌려줘."

윤지는 민서의 하츄핑 인형을 가슴에 안고 말했어요.

"안 돼! 내가 아끼는 인형이야."

민서가 단호하게 대답했어요. 그러자 윤지는 화난 표정으로 인형을 바닥에 던지며 소리쳤어요.

"흥! 이까짓 인형, 나도 필요 없어! 너 혼자 놀아. 난 집에 갈래!"

열어 보기 25

01 · 이 곳은 어디인가요? (　)

① 민서네 집　② 유진이네 집　③ 윤지네 집　④ 시우네 집

02 · 민서와 윤지는 무엇을 하나요? (　)

① 책을 읽어요　② 장난감을 가지고 놀아요
③ 퍼즐 맞추기를 해요　④ 블록을 쌓아요

03 · 분위기가 좋거나 즐거운 상황에서 갑자기 말이나 행동으로 흐름을 망치는 모습을 표현한 관용어로, 인형을 빌려주지 않자, 화를 내며 인형을 던지는 윤지의 행동에 어울리는 말은 다음 중 어느 것인가요? (　)

① 마음을 비우다　② 귀를 기울이다　③ 찬물을 끼얹다　④ 손이 모자라다

04 · 민서는 왜 윤지에게 인형을 빌려주지 않았을까요? (　)

① 윤지가 미워서　② 빌려주면 윤지가 돌려주지 않아서
③ 민서도 좋아하는 인형이라서　④ 빌려주기 싫어서　⑤ 기타

05 · 윤지는 인형을 왜 빌려 달라고 했을까요? (　)

① 잠깐 가지고 놀다가 돌려주려고　② 윤지는 인형이 없어서
③ 그냥 달라고 하면 안 줄 것 같아서　④ 인형이 예뻐서　⑤ 기타

06 · (　　　)는 누군가에게 물건을 빌려준 적이 있나요? (　)

① 예　② 아니요　③ 기타

07 · (　　　)는 친구 때문에 기분이 나쁠 때 주로 어떻게 하나요? (　)

① 친구에게 바로 말한다　② 혼자 있는다　③ 다른 친구랑 논다
④ 선생님이나 엄마에게 이야기한다　⑤ 기타

열어 보기 26

교육 활동 영역

• 가족 관계

현우는 실수한 그림을 할머니에게 보여 주며 자연스럽고 편안한 가족 간의 소통을 합니다. 할머니는 유쾌하고 따뜻한 반응으로 현우의 마음을 존중하고 격려해 줍니다. 이야기를 통해 아이는 가족 간의 애정과 긍정적인 상호작용의 중요성을 경험합니다.

• 자아 존중감

그림을 실수했음에도 현우는 당당히 할머니에게 보여 주며 자신의 표현을 인정받고자 하는 마음을 드러냅니다. 할머니의 칭찬은 현우의 자존감을 높이고, 실수에 대해 긍정적인 인식을 갖게 도와줍니다. 이런 경험은 아이가 자신을 소중히 여기고 자신감을 키우는 데 큰 도움이 됩니다.

• 문제 해결

현우는 실수한 그림을 숨기기보다는 그림 속 인물을 할머니로 바꿔서 상황을 전환합니다. 이 장면은 아이가 유연한 사고로 실수를 재치 있게 해결하는 모습을 보여 줍니다. 이야기를 통해 아이는 실수를 부끄러워하기보다 창의적으로 극복하는 방법을 배울 수 있습니다.

숨은 뜻 찾기

기본 언어 학습

▶ 주말: 한 주일의 끝 무렵, 주로 토요일부터 일요일까지를 이르는 말

속담

▶ 시작이 반이다: 무언가를 시작하면 이미 절반은 해낸 것과 같다는 뜻으로, 그림을 실수해도 포기하지 않고 끝까지 그려서 할머니에게 보여 준 현우의 모습

명언

▶ 한 번도 실수를 해 보지 않은 사람은 한 번도 새로운 것을 시도한 것이 없는 사람이다: 실수는 성장의 일부이며, 실수를 두려워하지 않고 시도하는 것이 중요하다는 의미다. 현우는 그림을 그리다 실수했지만, 할머니는 기쁘게 받아들이며 그 과정을 소중히 여긴다.

생각을 여는 지도 Tip

"그림을 그리다가 실수하면 어떻게 하니?"와 같은 질문을 해 보세요. 실수를 두려워하지 않고 창의적으로 생각을 바꾸며 유쾌하게 표현해 보는 경험은 자아 존중감과 문제 해결 능력을 기르는 데 도움이 됩니다. 아이가 실수한 상황을 긍정적으로 전환하고 그것이 존중받을 때, 실수에 대한 부담이 줄고 자신을 있는 그대로 받아들이는 태도가 자라납니다.

그림으로 열어 보기

그림을 보고 말해요

- 어떤 사람이 그려져 있나요?
- 이 그림을 그린 사람은 누구일까요?
- ○○도 누군가의 얼굴을 그려 본 적이 있나요?
- ○○는 누구의 얼굴을 그리고 싶나요?

열어 보기 26

교육 활동 영역: 가족 관계, 자아 존중감, 문제 해결

년 월 일 요일 이름: ____________

제목:

현우는 아빠를 그리다가 실수로 머리를 너무 길게 그렸어요. 그래서 엄마를 그리려고 했는데 얼굴에 주름을 두 개 그려서 할머니처럼 보였어요.

주말에 할머니가 집에 왔어요. 현우는 할머니에게 그림을 보여 주었어요.

"할머니! 내가 할머니를 그렸어요."

할머니는 환하게 웃으며 말했어요.

"어머, 우리 왕자님! 어쩜 이렇게 할머니를 똑같이 그렸을까?"

열어 보기 26

01 · 현우가 처음에 그리려고 했던 사람은 누구인가요? ( )

① 할머니 ② 엄마 ③ 아빠 ④ 동생

02 · 현우가 엄마를 그리다가 할머니처럼 보이게 된 이유는 무엇인가요? ( )

① 머리를 너무 길게 그려서
② 얼굴에 주름을 두 개 그려서
③ 눈을 크게 그려서
④ 모자를 씌워서

03 · 누구나 실수할 수 있으며, 실수를 두려워하지 않고 도전하는 것이 중요하다는 의미의 명언으로, 아빠를 그리다가 실수를 하지만 결국 할머니의 그림을 완성한 현우의 상황에 어울리는 표현은 다음 중 어느 것인가요? ( )

① 실수를 범하지 않는 자는 아무 일도 못한다
② 말보다는 행동이 중요하다
③ 오늘 할 일을 내일로 미루지 마라
④ 웃는 얼굴에 침 못 뱉는다

04 · 현우가 그린 그림에서 처음에 실수한 부분은 무엇인가요? ( )

① 코를 너무 작게 그림
② 눈을 안 그림
③ 머리를 너무 길게 그림
④ 입을 이상하게 그림

05 · 현우의 그림이 어떻게 변해 갔나요? ( )

① 엄마 → 아빠 → 할머니
② 아빠 → 할머니 → 엄마
③ 할머니 → 엄마 → 아빠
④ 아빠 → 엄마 → 할머니

06 · 그림을 그리다가 실수를 하면 (   )는 어떻게 하나요? ( )

① 버리고 처음부터 그린다
② 지우고 다시 그린다
③ 계속 그린다
④ 버리고 그리지 않는다
⑤ 기타

07 · (   )가 그리고 싶은 사람은 누구인가요?

열어 보기 27

교육 활동 영역

• 사회 규칙

놀이터는 여러 아이들이 함께 사용하는 공공장소로서의 규칙이 필요한 공간입니다. 모래를 다룰 때 주의해야 하며, 다른 사람에게 피해를 주었을 때 사과하는 행동은 사회적 규칙을 지키는 태도입니다.

• 공감 능력

모래놀이 중 한 아이가 다쳤을 때, 다른 아이가 난처해하면서 진심으로 사과하는 모습은 공감의 표현입니다. 이 장면을 통해 아이들은 다른 사람의 감정에 주목하고 책임 있는 태도로 반응하는 방법을 익힐 수 있습니다.

• 정서 조절

눈에 모래가 들어간 아이는 아프고 놀라 울음을 터뜨리며 감정을 즉시 표현합니다. 사과한 아이는 당황하고 난처한 마음을 차분히 정리하며 '미안해'라고 말하는 조절력을 보여 줍니다.

• 또래 관계

놀이터에서 아이들은 함께 어울리며 자연스럽게 관계를 맺고 상호작용합니다. 모래놀이 중 실수가 있었지만, 사과를 통해 갈등을 조절하고 관계를 회복하는 과정이 나타납니다.

숨은 뜻 찾기

기본 언어 학습

- 균형: 기울거나 쓰러지지 않고 평평하고 안정된 상태를 유지하는 일
- 평균대: 체조에서 사용하는 긴 막대 모양의 기구로, 위에서 균형을 잡으며 운동하는 도구

속담

- 원숭이도 나무에서 떨어진다: 아무리 익숙하고 능숙한 사람이라도 실수할 수 있다는 뜻으로, 모래놀이를 하던 아이도 놀이 중에 실수로 친구의 눈에 모래를 튀게 하여 잘하려던 중 실수가 일어난다.

관용어

- 손이 발이 되도록 빌다: 정말 미안한 마음을 담아 간절하게 사과하는 모습을 뜻한다. 모래 삽을 든 아이는 실수한 뒤 난처한 표정으로 "미안해!"라고 말하며 진심으로 사과한다.

생각을 여는 지도 Tip

"실수로 친구를 다치게 하면 어떤 기분이 들 것 같아?"와 같은 질문을 해 보세요. 예상치 못한 상황에서 감정을 조절하고 사과하는 행동을 상상해 보는 경험은 정서 발달과 공감 능력 향상에 도움이 됩니다.

그림으로 열어 보기

그림을 보고 말해요

- 두 아이의 표정은 어떻게 다르나요?
- 무슨 일이 있었을 것 같나요?
- 실수했을 때 어떤 기분이 드나요?
- ○○는 친구에게 사과해 본 적이 있나요?

열어 보기 27

교육 활동 영역: 사회 규칙, 공감 능력, 정서 조절, 또래 관계

년 월 일 요일 이름: ___________

제목: ______________________

은서와 정호는 놀이터에 왔어요. 다른 아이들도 놀고 있었어요. 모래놀이를 하는 아이가 두 명, 평균대 위에서 균형 잡기 놀이를 하는 아이가 두 명 있었어요. 둘은 미끄럼틀을 타며 신나게 놀았어요. 그런데 모래놀이를 하던 아이가 갑자기 손으로 눈을 감싸고 울기 시작했어요.

"으앙!"

그러자 모래 삽을 든 아이가 난처한 표정으로 사과했어요.

"미안해!"

열어 보기 27

01 · 은서와 정호는 어디에 왔나요? (　　)

① 학교　② 놀이터　③ 놀이동산　④ 유치원

02 · 잘못한 일에 대해 몹시 미안해하며 사과하는 모습을 표현한 관용어로, 모래놀이를 하다 친구의 눈에 모래가 들어가자 당황하며 사과하는 아이의 상황에 어울리는 말은 다음 중 어느 것인가요? (　　)

① 손뼉을 치다　② 손을 놓다　③ 발 벗고 나서다　④ 손이 발이 되도록 빌다

03 · 모래놀이를 하는 아이는 몇 명인가요? (　　)

① 한 명　② 두 명　③ 세 명　④ 네 명

04 · 모래놀이를 하던 아이가 갑자기 어떤 행동을 했나요? (　　)

① 모래성을 쌓았다　② 모래로 길을 만들었다
③ 친구에게 화를 냈다　④ 손으로 눈을 감싸고 울기 시작했다

05 · 모래 삽을 든 아이는 왜 사과를 했을까요? (　　)

① 모래놀이를 하던 아이가 울어서
② 모래놀이를 방해해서
③ 모래를 던져서
④ 실수로 모래가 튀어 다른 아이의 눈에 들어가서

06 · 모래놀이를 하던 아이는 왜 울까요?

07 · (　　　　)는 놀다가 실수로 친구를 울린 적이 있나요? (　　)

① 예　② 아니요　③ 기타

열어 보기 28

교육 활동 영역

• 가족 관계

현기와 누나는 함께 지내는 형제자매로서의 일상적인 갈등을 겪고 있습니다. 엄마의 반응은 가족 내 반복되는 갈등 상황에 대한 피로감을 보여 줍니다. 이야기를 통해 아이는 가족 간에도 갈등이 생길 수 있으며, 그 속에서 서로 배려하고 조율해야 함을 배울 수 있습니다.

• 정서 조절

누나는 자신의 감정을 즉각적인 행동(밀기, 노려보기)으로 표현하고, 현기는 넘어지며 울음을 터뜨립니다. 이야기를 통해 아이는 화가 났을 때 혹은 속상할 때, 감정을 폭발하기보다 조절하는 방법이 필요함을 알 수 있습니다. 감정은 표현할 수 있지만, 타인을 다치게 하지 않는 방식으로 표현하는 훈련이 필요합니다.

• 공감 능력

누나는 동생의 호기심을 이해하지 못하고 밀어 버리며 상대의 감정을 고려하지 않는 행동을 보입니다. 이 장면은 아이들에게 다른 사람의 입장에서 생각하고, 감정을 헤아리는 공감의 중요성을 알려 줍니다. 아이들은 이 이야기를 통해 가족 간에도 공감과 배려가 필요함을 깨달을 수 있습니다.

숨은 뜻 찾기

기본 언어 학습

▶ 노려보다: 화가 나거나 미워서 눈을 부릅뜨고 뚫어지게 쳐다보다.

▶ 한숨을 쉬다: 걱정이나 피곤, 답답함 등의 감정을 내쉬는 숨으로 표현하다.

× 표현 익히기

▶ 어휴! 하루도 조용한 날이 없어!: 반복되는 소란이나 갈등 상황에 지쳐 한숨 섞인 불만을 표현할 때 쓰는 말로, '어휴!'는 피로감이나 짜증을 담은 감탄사이고, '하루도 조용한 날이 없어!'는 상황이 계속 반복되어 지친 마음을 드러내는 표현이다.

× 속담

▶ 갖에서 좀 난다: 가죽에 좀이 나서 좀도 못 살고 가죽도 버린다는 뜻으로, 형제간의 싸움은 양쪽 모두에게 해롭다는 의미다. 현기와 누나는 사소한 일로 다투며 엄마의 한숨을 자아낸다.

생각을 여는 지도 Tip

"내가 뭘 잘못했는지도 모르겠는데 누가 화낸 적 있니?"와 같은 질문을 해 보세요. 이유를 알 수 없는 상황에서 당황하거나 속상했던 감정을 돌아보는 경험은 정서 조절에 도움이 됩니다. 그 상황을 이해하려고 생각하면서 자연스럽게 타인의 감정에 관심을 갖고 공감하는 힘도 자라납니다.

그림으로 열어 보기

그림을 보고 말해요

- 앞에 앉아 있는 사람은 누구일까요?
- 누나는 무엇을 하면서 웃고 있나요?
- 아이는 어떤 표정으로 누나를 바라보고 있나요?
- 아이는 지금 어떤 마음일까요?

열어 보기 28

교육 활동 영역: 가족 관계, 정서 조절, 공감 능력

년 월 일 요일 이름: ____________

제목:

누나가 킥킥 웃으며 스마트폰을 보고 있었어요. 현기도 궁금해서 누나 옆으로 갔어요.

"저리 가!"

누나가 현기를 밀었어요. 현기는 바닥에 넘어졌어요.

"으앙~"

현기가 울기 시작했어요. 베란다에서 빨래를 널던 엄마는 한숨을 내쉬며 말했어요.

"또 왜들 그래? 어휴! 하루도 조용한 날이 없어!"

누나는 화난 눈빛으로 현기를 노려봤어요.

열어 보기 28

01 · 누가 스마트폰을 보고 싶어 하나요? (　　)

① 누나　② 현기　③ 엄마　④ 아빠

02 · 현기의 나이는 여덟 살입니다. 누나의 나이는 몇 살일까요? (　　)

① 네 살　② 여섯 살　③ 여덟 살　④ 열 살

03 · 현기는 왜 울었을까요? (　　)

① 아파서　② 넘어져서　③ 스마트폰을 못 봐서　④ 놀라서　⑤ 기타

04 · 누나는 왜 현기를 밀었을까요? (　　)

① 현기가 미워서　② 귀찮아서　③ 혼자 보고 싶어서　④ 기타

05 · (　　　　)가 누나라면 어떻게 하고 싶나요? (　　)

① 가라고 말한다　② 밀어 버린다　③ 같이 본다　④ 기타

06 · 크고 작은 일이 끊이지 않아 쉴 틈이 없는 상황을 표현한 관용어로, 누나와 현기가 또 싸우는 모습을 보며 엄마가 한숨 쉬는 상황에 어울리는 말은 다음 중 어느 것인가요? (　　)

① 귀를 기울이다　② 발이 닳도록 뛰다　③ 바람을 잡다　④ 바람 잘 날 없다

07 · 엄마는 현기와 누나가 어떻게 지내길 바랄까요?

열어 보기 29

교육 활동 영역

• 가족 관계

이 이야기는 자매간의 상호작용을 중심으로 의사소통과 감성 표현을 나누고 있습니다. 윤아와 윤서의 대화는 형제자매 간의 관계에서 발생할 수 있는 갈등과 감정 교류를 보여 줍니다.

• 정서 조절

윤서가 "너 이제 다시는 나 따라서 도서관 오지 마!"라고 말하는 부분은 정서 조절이 부족한 상황으로 윤서가 불편한 감정을 그대로 표현한 부분입니다. 감정이 쌓이기 전에 차분하게 표현하는 연습이 필요함을 알려 줍니다.

• 문제 해결

윤아의 반복적인 질문과 윤서의 반응은 갈등 상황에서 문제를 해결하는 방법을 배우는 과정으로, 대화와 감정 표현을 통한 갈등 해결에 대해 생각해 볼 수 있습니다.

• 공감 능력

윤아와 윤서의 대화를 통해, 서로의 감정을 이해하고 반응하는 과정에서 공감 능력을 기를 수 있습니다. "언제 가?"라는 윤아의 반복적인 질문에 대해 윤서는 윤아가 집에 가고 싶어 한다는 마음을 이해하고 반응하는 능력을 보입니다.

숨은 뜻 찾기

기본 언어 학습

▶ ~ 밖에: 정해진 수량이나 정도보다 아주 적음을 나타내는 말

관용어

- 돌려 말하다: 하고 싶은 말을 직설적으로 하지 않고 에둘러 표현하는 것으로, 윤아가 '언니, 언제 가?'라고 말하며 본심을 감추려는 모습에 어울린다.
- 귀가 따갑다: 같은 말을 여러 번 들어서 짜증이 나거나 지겨운 상황을 뜻하며, 윤아가 계속해서 '언제 가냐'고 묻자 결국 화가 난 윤서의 모습에 어울린다.

명언

- 서로를 이해하는 데는 인내가 필요하다: 가까운 관계일수록 감정을 잘 다스리고, 상대의 입장을 참을성 있게 헤아리는 노력이 필요하다는 의미다. 윤서는 반복되는 질문에 화가 나서 감정을 터뜨렸지만, 서로를 이해하려면 더 많은 인내가 필요했음을 보여 준다.

생각을 여는 지도 Tip

"너는 더 있고 싶은데 옆에서 가자고 재촉하면 기분이 어떨 것 같니?"와 같은 질문을 해 보세요. 자신의 감정을 인식하고 표현해 보는 경험은 정서 조절에 도움이 됩니다. 또한 갈등 상황에서 상대의 입장을 생각해 보고 갈등을 해결하는 과정은 공감 능력과 문제 해결력을 함께 기르는 데에도 도움이 됩니다.

그림으로 열어 보기

그림을 보고 말해요

- 도서관에서는 무엇을 할 수 있나요?
- ○○는 도서관에 가 본 적이 있나요?
- 도서관에서는 어떤 점을 조심해야 하나요?
- 어떤 책을 가장 재미있게 읽었나요?

열어 보기 29

교육 활동 영역: 가족 관계, 정서 조절, 문제 해결, 공감 능력

년 월 일 요일 이름: ____________

제목:

윤서와 윤아는 동화책을 읽고 있었어요. 윤아가 물었어요.

"언니, 집에 언제 가?"

윤서는 조용한 목소리로 대답했어요.

"온 지 십 분밖에 안 됐잖아. 더 있다가 가."

잠시 후, 윤아가 다시 물었어요.

"언니, 언제 가?"

윤서가 자리에서 일어나며 말했어요.

"그래, 가자, 가! 너 이제 다시는 나 따라서 도서관 오지 마!"

열어 보기 29

01 · 이 곳은 어디인가요? ( )

① 학교 ② 공원 ③ 도서관 ④ 병원

02 · 같은 말을 여러 번 들어서 짜증이 나거나 지겨운 상황을 표현한 관용어로, 윤아가 계속해서 '언제 가냐'고 묻자 결국 화가 난 윤서의 모습에 어울리는 말은 다음 중 어느 것인가요? ( )

① 귀가 따갑다 ② 귀를 의심하다 ③ 귀가 얇다 ④ 귀에 익다

03 · 윤서와 윤아가 도서관에 머문 시간은 대략 어느 정도 되었을까요?

04 · 윤서는 왜 조용한 목소리로 말했을까요?

05 · 윤아는 집에 언제 가냐고 왜 자꾸 물을까요? ( )

① 지루해서 ② 집에 언제 가는지 궁금해서 ③ 책이 재미없어서
④ 집에 가고 싶어서 ⑤ 기타

06 · 윤서는 왜 화가 났을까요? ( )

① 윤아가 책을 안 봐서 ② 윤아가 너무 시끄러워서
③ 윤아가 계속 집에 가자고 해서 ④ 윤아가 몇 시에 가냐고 물어서 ⑤ 기타

07 · (   )가 가장 재미있게 읽은 책은 무엇인가요?

열어 보기 30

교육 활동 영역

• 정서 조절

준서는 문제를 틀리자 불안과 당황스러움, 속상한 감정을 눈물과 고함으로 표현합니다. 엄마의 놀란 반응과 꾸중은 준서의 감정을 더욱 격하게 만들죠. 이야기를 통해 아이는 실수했을 때 감정을 다스리는 방법과, 격한 감정을 표현하는 방식에 대해 배울 수 있습니다.

• 문제 해결

엄마의 수 개념을 묻는 문제에서 준서는 실수했지만, 문제를 다시 천천히 생각해 보는 기회가 필요합니다. 이야기를 통해 아이는 틀려도 다시 생각하고, 해결 방법을 찾는 태도를 배울 수 있습니다.

• 의사소통

엄마와 준서의 대화는 감정이 섞인 언어적 상호작용의 예입니다. 아이에게는 비난보다는 이해와 격려의 말이 필요하며, 아이도 자신의 생각을 표현할 기회를 가져야 합니다. 이야기를 통해 서로의 감정을 상하지 않게 전달하는 건강한 의사소통 방법을 배울 수 있습니다.

숨은 뜻 찾기

속담

▶ 급할수록 돌아가라: 일이 잘 되지 않을수록 서두르지 말고 천천히, 신중하게 하라는 뜻으로, 엄마는 조급한 마음에 준서를 다그쳤지만, 천천히 생각할 시간을 주

었더라면 상황이 달라졌을 수도 있었다.

관용어

- 분통이 터지다: 매우 화가 나서 속이 터질 것 같은 상태를 표현하는 말 또는 억울하거나 답답한 상황에서 감정을 참지 못하고 분노가 폭발하는 모습을 의미한다. 이야기 속 엄마가 준서의 엉뚱한 대답에 속상하고 답답한 마음에 짜증을 내는 장면
- 진땀을 빼다: 몹시 당황하거나 긴장해서 어떻게 해야 할지 몰라 힘들어하는 상황을 뜻하며, 수를 잘못 세고 엄마에게 혼나며 눈물을 글썽이는 준서의 모습에 어울린다.

생각을 여는 지도 Tip

"잘 모르겠는데 자꾸 물어보면 어떤 기분이 들어?"와 같은 질문을 해 보세요. 실수했을 때 속상한 마음이 생기기도 하고, 점점 말하기가 어려워질 수도 있습니다. 이런 감정을 함께 이야기해 보는 과정은 정서 조절, 문제 해결, 의사소통 능력을 기르는 데 도움이 됩니다.

그림으로 열어 보기

그림을 보고 말해요

- 이 아이는 지금 어떤 감정을 느끼고 있나요?
- 아이 머리 위의 물음표는 어떤 뜻일까요?
- 속상할 때 ○○는 어떻게 표현하나요?
- ○○도 이런 기분이 든 적이 있나요?

열어 보기 30

교육 활동 영역: 정서 조절, 문제 해결, 의사소통

년 월 일 요일 이름: ____________

제목:

엄마가 물었어요.

"세 명이 놀고 있었는데, 친구 두 명이 더 왔어. 모두 몇 명이 됐을까?"

준서가 "두 명?" 하고 대답했어요. 엄마가 놀란 표정으로 말했어요.

"세 명이 있었다고 했잖아!"

그러자 준서는 눈물을 글썽이며 소리쳤어요.

"몰라! 몰라!"

엄마는 화가 난 목소리로 다그쳤어요.

"아무렇게나 말하지 말고, 생각 좀 하고 대답해!"

열어 보기 30

01 · 준서는 무슨 공부를 하고 있나요? (   )

① 한글 ② 미술 ③ 수학 ④ 음악

02 · 몹시 당황하거나 긴장해서 어떻게 해야 할지 몰라 힘들어하는 상황을 표현한 관용어로, 수를 잘못 세고 엄마에게 혼나며 눈물을 글썽이는 준서의 모습에 어울리는 말은 다음 중 어느 것인가요? (   )

① 진땀을 빼다 ② 손이 모자라다 ③ 눈에 불을 켜다 ④ 날개를 펴다

03 · 준서는 왜 "몰라! 몰라!"라고 소리쳤나요? (   )

① 엄마가 놀란 표정을 지어서 ② 질문이 어려워서 ③ 그냥 화가 나서
④ 수학 공부가 싫어서 ⑤ 기타

04 · 준서는 엄마의 말을 듣고 어떤 기분이 들었을까요? (   )

① 속상했어요 ② 슬펐어요 ③ 화가 났어요 ④ 짜증 났어요 ⑤ 기타

05 · 엄마는 왜 화가 났을까요? (   )

① 준서가 답을 틀려서 ② 준서가 너무 빨리 대답해서
③ 준서가 눈물을 글썽여서 ④ 준서가 소리쳐서 ⑤ 기타

06 · (   )는 어려운 질문을 받으면 어떻게 하나요? (   )

① 모른다고 말한다 ② 화낸다 ③ 생각할 시간을 달라고 말한다
④ 운다 ⑤ 기타

07 · 공부가 하기 싫을 때는 어떻게 하면 좋을까요? (   )

① 하기 싫다고 말한다 ② 싫어도 참고 한다 ③ 도망간다
④ 짜증 낸다 ⑤ 기타

열어 보기 31

교육 활동 영역

• 문제 해결

채영이는 다양한 아이디어 중 하나를 선택하고 그림을 그리기 시작합니다. 하지만 시간이 부족해 그림을 완성하지 못하면서 계획 조정이나 우선순위 선택의 어려움을 겪습니다. 이 이야기를 통해 아이는 제한된 시간 안에서 문제를 해결하는 방법을 배울 수 있습니다.

• 정서 조절

채영이는 그림을 다 마치지 못해 속상하고 아쉬운 감정을 울상으로 표현합니다. 자신의 감정을 그대로 드러내는 모습은 아이들에게 실망이나 좌절감을 건강하게 표현하는 방법을 보여 줍니다. 이야기를 통해 아이는 결과보다 과정과 감정의 조절이 중요함을 느낄 수 있습니다.

• 자기 조절

채영이는 생각이 너무 많아 그림을 제때 완성하지 못하는 상황을 경험합니다. 이 장면은 아이가 자기 행동과 시간을 조절하고 계획하는 능력을 키워야 함을 보여 줍니다. 이야기를 통해 목표에 맞게 활동을 조절하고 집중하는 습관이 필요함을 배울 수 있습니다.

숨은 뜻 찾기

기본 언어 학습

- 자유롭게: 정해진 틀이나 제한 없이 마음대로 하는 것
- 결정하다: 행동이나 태도를 분명하게 정함 또는 여러 가지 중에서 하나를 골라 마음을 정하다.

▶ 미래: 앞으로 다가올 시간이나 세상

속담

▶ 천 리 길도 한 걸음부터: 아무리 큰 일도 작은 시작에서부터 이루어진다는 뜻으로, 채영이는 그리고 싶은 게 많아 고민만 하다 보니 그림을 시작조차 못 하고 제출 시간에 늦는다.

▶ 시작이 반이다: 어떤 일이든 처음 시작하는 것이 가장 어렵고, 일단 시작하면 절반은 한 셈이라는 뜻으로, 채영이는 빨리 한 걸음 내디뎠더라면 그림을 완성할 수 있었을지도 모른다.

생각을 여는 지도 Tip

"너는 시간 계산할 줄 아니?"와 같은 질문을 해 보세요. 하고 싶은 게 많아도 시간을 잘 나누지 못하면 끝까지 해내기 어려울 수도 있다는 걸 알게 됩니다. 이런 경험을 함께 이야기해 보는 과정은 스스로 계획을 세우고 실행하는 힘을 기르는 데 도움이 되며, 문제 해결, 정서 조절, 자기 조절 능력을 자연스럽게 키우는 밑바탕이 됩니다.

그림으로 열어 보기

그림을 보고 말해요

- 로봇이 무엇을 하려는 것 같나요?
- 로봇이 손에 들고 있는 것은 무엇인가요?
- ○○라면 이 로봇에게 어떤 일을 시키고 싶나요?
- 로봇이 글을 쓸 수 있다면 어떤 내용을 쓸까요?

열어 보기 31

교육 활동 영역: 문제 해결, 정서 조절, 자기 조절

년 월 일 요일 이름: ____________

제목:

선생님이 미래에 대한 그림을 자유롭게 그려 보라고 했어요. 채영이는 하늘을 나는 자동차, 먹으면 힘이 세지는 약 등 그리고 싶은 게 너무 많았어요. 한참을 생각하다가 결정을 내렸어요.

'아! 숙제를 대신 해 주는 로봇! 그게 좋겠다.'

채영이는 신이 나서 그림을 그리기 시작했어요. 하지만 얼마 지나지 않아 선생님이 말했어요.

"다 그린 친구는 그림을 제출하도록 해."

친구들은 그림을 들고 우르르 앞으로 나갔어요. 하지만 채영이는 아직 색칠도 시작하지 못해서 울상이 되었어요.

열어 보기 31

01 · 선생님께서 무엇을 그리라고 하셨나요? (　)

① 과거에 대한 그림　② 현재에 대한 그림
③ 미래에 대한 그림　④ 로봇에 대한 그림

02 · 채영이는 무엇을 그리려고 결정했나요? (　)

① 하늘을 나는 자동차　② 힘이 세지는 알약
③ 팔이 네 개인 로봇　④ 숙제를 대신해 주는 로봇

03 · 채영이는 그림을 완성했나요? (　)

① 예　② 아니요　③ 기타

04 · 채영이는 왜 생각하는 데 시간이 오래 걸렸을까요? (　)

① 그리고 싶은 게 생각나지 않아서　② 그리고 싶은 게 없어서
③ 그리고 싶은 게 너무 많아서　④ 쉽게 결정하지 못해서　⑤ 기타

05 · (　　　)는 시간 안에 다 마치지 못한 적이 있나요? (　)

① 예　② 아니요　③ 기타

06 · 어떤 일을 미루거나 여유를 부리다가 시간이 다가와 급하게 서두르게 되는 상황을 표현한 관용어로, 그림 주제를 정하느라 시간을 보내다 제출 시간에 쫓기게 된 채영이의 상황에 어울리는 말은 다음 중 어느 것인가요? (　)

① 가슴을 쓸어내리다　② 발등에 불 떨어지다　③ 입을 모으다　④ 기가 막히다

07 · (　　　)가 미래에 대해 그리고 싶은 그림은 어떤 그림인가요?

열어 보기 32

교육 활동 영역

• 가족 관계

식사 자리에서 할아버지와 엄마 사이에 양육 방식에 대한 갈등이 드러납니다. 선우를 둘러싼 대화는 가족 간 상호작용의 중요성을 보여 줍니다. 이야기를 통해 아이는 가족 내에서 다양한 생각과 감정을 조율하며 관계를 유지하는 방법을 배울 수 있습니다.

• 기본 생활 습관

선우의 행동은 식사 예절과 바른 자세에 대한 기본 생활 습관과 관련됩니다. 이야기를 통해 아이는 공공장소나 식사 자리에서 바른 자세로 앉는 습관의 중요성을 이해할 수 있습니다. 또한 어른의 지적을 통해 스스로를 돌아보는 계기가 될 수 있습니다.

• 정서 조절

할아버지는 실망과 섭섭함을 느끼며 감정을 조절하지 못하고 자리를 박차고 나가는 행동을 보입니다. 엄마는 아이를 보호하고자 하지만, 부드러운 조율보다 단정적인 반응으로 상황을 악화시킵니다. 이야기를 통해 아이는 감정이 상했을 때 어떻게 차분하게 표현하고 상황을 조율할 수 있는지를 배울 수 있습니다.

숨은 뜻 찾기

기본 언어 학습

- 들썩이다: 몸의 일부분을 위아래로 가볍게 움직이다.
- 기죽다: 기세나 기운이 꺾여 풀이 죽은 듯하다.
- ~듯: 어떤 동작이나 느낌을 직접 하지 않았지만, 그렇게 보이거나 비슷하게 느껴

지는 모양을 나타내는 말(예: "수저를 집어 던지듯 내려놓았다."처럼 사용)

관용어

▶ 감싸고 돌다: 누군가의 잘못이나 부족한 점을 지나치게 편들며 두둔하는 것을 뜻한다. 엄마는 선우의 행동을 바로잡기보다는 할아버지의 말을 막으며 선우를 감싸고 돌았다.

명언

▶ 말이 통하지 않는다는 것은 가장 외로운 일이다: 서로의 말과 마음이 닿지 않는 상황은 깊은 외로움과 단절을 만든다는 의미다. 가족 안에서도 서로의 생각이 다르고 말이 통하지 않을 때, 누구보다 가까운 사이가 더 외롭게 느껴질 수 있다.

생각을 여는 지도 Tip

"넌 밥 먹을 때 어떻게 앉아서 먹니?"와 같은 질문을 해 보세요. 식사 태도는 가족 안에서 자연스럽게 형성됩니다. 하지만 훈육에 대한 기준이 서로 다를 때 갈등이 생기기도 하지요. 이런 상황을 함께 이야기해 보면 바른 생활 습관을 되돌아보고, 가족 안에서 일어나는 갈등과 그때 느낀 감정을 이해하는 능력을 기르는 데 도움이 됩니다.

그림으로 열어 보기

그림을 보고 말해요

- 할아버지의 표정은 어떤가요?
- 지금 어떤 감정을 느끼고 있을까요?
- 왜 이런 표정을 짓고 있을까요?
- ○○는 이런 표정을 본 적이 있나요?

열어 보기 32

교육 활동 영역: 가족 관계, 기본 생활 습관, 정서 조절

년 월 일 요일 이름: ____________

제목: ______________________________

여기는 식당이에요. 할머니와 할아버지, 엄마, 아빠, 그리고 동생 선영이와 함께 선우는 자장면과 탕수육을 먹고 있어요. 그런데 선우가 엉덩이를 들썩이며 의자를 흔들었어요. 그 모습을 본 할아버지가 타일렀어요.

"으흠, 선우야, 바르게 앉아야지."

그러자 엄마가 말했어요.

"아버님, 그냥 두세요. 자꾸 뭐라 하시면 우리 선우가 기죽어요."

할아버지는 수저를 집어 던지듯 내려놓고 밖으로 나가 버렸어요.

열어 보기 32

01 ・ 여기는 어디인가요? (   )

① 일식당 ② 중식당 ③ 이탈리안 레스토랑 ④ 한식당

02 ・ 몹시 화가 나서 더는 참기 어려운 상태를 표현한 관용어로, 식사 중 손자에게 주의를 주었다가 며느리의 반응에 기분이 상해 자리를 박차고 나간 할아버지의 모습에 어울리는 말은 다음 중 어느 것인가요? (   )

① 화가 머리끝까지 나다 ② 밑 빠진 독 ③ 머리를 굴리다 ④ 눈치가 없다

03 ・ 선우는 왜 엉덩이를 들썩이며 의자를 흔들었을까요? (   )

① 엉덩이가 가려워서 ② 음식이 너무 맛있어서 ③ 심심해서
④ 음식이 먹기 싫어서 ⑤ 기타

04 ・ 엄마는 할아버지께 어떤 말씀을 드렸나요? (   )

① 선우를 혼내 달라고 ② 선우를 혼내지 말라고
③ 선우를 내버려 두라고 ④ 선우에게 아무 말도 하지 말라고

05 ・ 엄마는 할아버지께 왜 그렇게 말씀드렸나요? (   )

① 할아버지가 너무 엄격하게 말씀하셔서
② 선우가 기죽지 않도록 하기 위해서
③ 할아버지가 선우에게 잔소리하는 것 같아서
④ 선우가 자유롭게 식사를 즐기도록 하기 위해서

06 ・ 할아버지께서는 왜 수저를 집어 던지듯 내려놓고 밖으로 나가셨을까요?

07 ・ 할아버지께서는 왜 선우에게 바르게 앉아서 먹으라고 했을까요? (   )

① 의자가 망가질 수 있어서 ② 의자를 흔들다가 넘어질까 봐
③ 다른 사람들이 불편해할까 봐 ④ 식사 예절을 지키라고

열어 보기 33

교육 활동 영역

• 또래 관계

선우는 다양한 친구들과 상호작용하며 거절도 경험하고, 환영도 받는 상황을 겪습니다. 친구마다 다르게 반응하는 모습 속에서 친구 관계의 다양성과 감정의 흐름을 배울 수 있습니다. 이야기를 통해 아이는 또래와 어울리는 방법, 친구의 말에 반응하는 태도를 익힐 수 있습니다.

• 사회 규칙

공동 놀이 공간에서는 다른 사람의 공간을 존중하고, 방해하지 않는 태도가 필요합니다. 친구들의 요청은 서로 배려하며 놀이 규칙을 지켜야 한다는 메시지를 담고 있습니다. 이야기를 통해 아이는 공공장소에서의 기본 예절과 사회적 규칙을 자연스럽게 배울 수 있습니다.

• 자아 존중감

여러 친구들에게 거절당한 뒤에도, 하은이의 부름에 밝게 웃으며 응답하는 선우의 모습은 긍정적인 자아상을 보여 줍니다. 이 장면을 통해 아이는 자신을 믿고 긍정적으로 받아들이는 자아 존중감을 기를 수 있습니다.

숨은 뜻 찾기

✕ 기본 언어 학습

▶ 트램펄린: 탄력 있는 천 위에서 점프하거나 놀이를 하는 기구

▶ 활짝: 웃거나 꽃이 피는 모습이 아주 크게 또는 환하게 벌어진 모양

표현 익히기

- 선우야, 비켜 줄래?: 길을 막고 있는 사람에게 정중하게 비켜 달라고 부탁할 때 쓰는 표현이다. '~줄래?'는 요청을 부드럽게 전달할 때 사용하는 말투로, 상대에 대한 배려와 예의가 담겨 있다.

관용어

- 걸림돌이 되다: 어떤 일을 진행하는 데 방해가 되는 존재가 되는 것을 뜻한다. 친구들이 선우에게 가까이 오지 말라고 하며, 선우를 놀이의 걸림돌처럼 대한다.
- 눈총을 받다: 좋지 않은 시선이나 불만스러운 눈빛을 받는 상황을 뜻한다. 선우는 친구들 사이에서 불편한 시선을 받으며 눈총을 받는 듯한 상황에 놓였다.

생각을 여는 지도 Tip

"다른 친구들이 나한테 저리 가라고 하면 어떤 기분이 들까?"와 같은 질문을 해 보세요. 또래 사이에서 반복적으로 거절당하는 경험은 자신감에 영향을 줄 수 있습니다. 이런 상황을 함께 이야기해 보면 친구들과 잘 어울리기 위한 방법을 고민해 보고, 자신의 감정을 지키면서도 사회적 규칙을 배우는 데 도움이 됩니다.

그림으로 열어 보기

그림을 보고 말해요

- 이곳은 어디일까요?
- 아래에 있는 친구는 어떤 표정인가요?
- 이 아이들은 무슨 이야기를 나누고 있을까요?
- ○○는 트램펄린을 타 본 적이 있나요?

열어 보기 33

교육 활동 영역: 또래 관계, 사회 규칙, 자아 존중감

년 월 일 요일 이름: ____________

제목: ______________________

현기가 야구 연습을 하고 있어요.

"저리 가!"

현기가 말하자, 선우가 지아 쪽으로 갔어요.

"선우야, 비켜 줄래?"

밧줄을 잡고 올라가던 지아가 부탁했어요. 줄넘기를 하던 윤서도 선우에게 말했어요.

"가까이 오지 마!"

트램펄린 위에서 뛰고 있던 하은이는 선우에게 외쳤어요.

"선우야, 이리 올라와!"

선우는 활짝 웃으며 "응, 잠깐만 기다려!"라고 대답했어요.

열어 보기 33

01 · 이곳은 어디인가요? (　　)

① 운동장　② 교실　③ 체육관　④ 놀이터

02 · 따돌림을 당하거나 어울리지 못하고 겉도는 사람을 비유적으로 표현한 속담으로, 여러 친구들이 선우에게 다가오지 말라고 하거나 저리 가라고 할 때 선우의 상황에 어울리는 말은 다음 중 어느 것인가요? (　　)

① 첫 술에 배부르랴　② 개밥에 도토리　③ 우물 안 개구리　④ 내 코가 석 자

03 · 아이들은 왜 선우를 가까이 오지 못하게 했나요? (　　)

① 선우가 싫어서　② 부딪칠까 봐　③ 방해가 되어서　④ 기타

04 · 하은이는 무엇을 하고 있나요? (　　)

① 밧줄을 잡고 올라가요　② 물구나무를 서요
③ 줄넘기를 해요　④ 트램펄린 위에서 뛰어요

05 · 하은이는 왜 선우에게 오라고 했을까요? (　　)

① 선우가 불쌍해서　② 선우가 아무것도 안 하고 있어서
③ 선우가 착한 아이라서　④ 트램펄린이 재미있어서　⑤ 기타

06 · (　　　　)는 선우를 보면 어떻게 할 건가요? (　　)

① 가까이 오지 못하게 한다　② 가까이 와도 가라고 하지 않는다
③ 불러서 같이 한다　④ 못 본 척한다　⑤ 기타

07 · 이 이야기에서 선우의 기분은 어땠을까요?

열어 보기 34

교육 활동 영역

• 정서 조절

민시는 엄마의 말에 서운함을 느끼지만, 감성을 말로 표현하지 못하고 조용히 간식을 포기합니다. 이 장면은 아이가 속상한 마음이나 섭섭함을 어떻게 다루는지를 보여 줍니다. 이야기를 통해 아이는 감정을 억누르기보다 건강하게 표현하는 방법을 배울 수 있습니다.

• 가족 관계

동생이 생긴 뒤 엄마의 관심이 줄었다고 느끼는 민지는 엄마와의 정서적 거리감을 느낍니다. 예전과 달라진 엄마의 태도는 아이에게 소외감을 줄 수 있으며, 이는 가족 관계에 영향을 미칩니다. 이야기를 통해 아이는 가족 내 역할 변화에 적응하는 과정을 경험하게 됩니다.

• 자아 존중감

엄마의 무심한 반응과 비교되는 과거의 기억은 민지에게 자신이 덜 소중해졌다는 느낌을 줍니다. 민지는 스스로를 '어린애처럼 구는 존재'로 인식하며 자존감이 위축되는 모습을 보입니다. 이야기를 통해 아이는 자신의 감정과 존재가 존중받아야 한다는 경험이 얼마나 중요한지를 알 수 있습니다.

숨은 뜻 찾기

표현 익히기

▶ 수저통에 있잖니: 상대가 찾는 물건의 위치를 알려 주며, 이미 알고 있어야 할 정보임을 자연스럽게 상기시키는 표현이다. '~잖니'는 말하는 사람이 이미 알고 있

는 사실을 다시 강조하거나 확인시켜 줄 때 사용하는 말투로, 약간의 타이름이나 다정함이 담겨 있다.

관용어

- 뒷전으로 밀리다: 관심이나 배려의 대상에서 우선순위가 밀려 소외되는 상황을 뜻한다. 민지는 동생이 생긴 뒤로 엄마의 관심에서 뒷전으로 밀린 듯한 기분을 느껴 서운해한다.

명언

- 아이들은 빠른 관찰자이지만 서투른 해석자다: 아이들은 주변의 변화를 민감하게 느끼지만, 그것을 올바르게 이해하거나 받아들이는 데는 미숙할 수 있다는 의미다. 민지는 엄마의 달라진 반응을 빠르게 눈치채며, 그것이 곧 사랑이 줄어든 것이라 오해하고 속상해한다.

생각을 여는 지도 Tip

"민지는 왜 자꾸 엄마를 귀찮게 하는 것 같니?"와 같은 질문을 해 보세요. 겉으로는 귀찮게 하는 행동처럼 보여도, 그 안에는 관심을 받고 싶은 마음이나 서운한 감정이 숨어 있을 수 있습니다. 이런 마음을 함께 살펴보는 과정은 정서 조절에 도움이 되고, 가족 안에서 일어나는 감정 변화를 이해하는 데도 도움이 됩니다.

그림으로 열어 보기

그림을 보고 말해요

- 이 아이는 어떤 표정을 짓고 있나요?
- 왜 슬퍼 보일까요?
- 간식을 보고 어떤 생각을 했을까요?
- 무슨 일이 있었을 것 같나요?

열어 보기 34

교육 활동 영역: 정서 조절, 가족 관계, 자아 존중감

년 월 일 요일 이름: ____________

제목: ______________________

민지는 아기를 안고 있는 엄마에게 다가가 말했어요.

"엄마, 간식!"

"식탁 위에 있으니까 손 씻고 먹어."

엄마가 대답했어요. 주방으로 간 민지는 다시 엄마를 불렀어요.

"엄마, 포크!"

"수저통에 있잖니! 직접 꺼내서 먹어. 어휴, 점점 더 어린애처럼 구네."

엄마는 짜증 섞인 목소리로 말했어요. 예전에는 엄마가 무엇이든 잘 챙겨 줬는데 동생이 생긴 뒤로는 안 그랬어요. 민지는 간식이 먹고 싶지 않아졌어요.

열어 보기 34

01 · 민지가 처음 엄마에게 한 말은 무엇인가요? (　)

① "엄마, 포크!"　② "엄마, 간식!"　③ "엄마, 밥!"　④ "엄마, 물!"

02 · 엄마는 왜 짜증 섞인 목소리로 말했을까요? (　)

① 아기 때문에 바빠서
② 민지가 어린애처럼 군다고 느껴서
③ 민지가 자꾸 달라고 해서
④ 스스로 할 수 있는데 달라고 해서

03 · 민지는 왜 엄마가 예전과 다르다고 느꼈을까요? (　)

① 간식과 포크를 주지 않아서
② 자신을 잘 챙겨 주지 않아서
③ 동생만 안고 있어서
④ 직접 꺼내서 먹으라고 해서

04 · 민지는 어떤 감정을 느꼈나요? (　)

① 슬픔　② 불안함　③ 우울함　④ 속상함

05 · (　　　)는 민지에게 어떻게 하라고 알려 주고 싶은가요? (　)

① 동생처럼 아기 목소리를 내라고 한다
② 엄마를 도와주라고 한다
③ 엄마에게 애교를 부리라고 한다
④ 할 수 있는 일은 스스로 하라고 한다

06 · 다른 사람들보다 관심을 덜 받고 소외당하는 처지를 비유적으로 표현한 관용어로, 동생이 생긴 뒤로 엄마의 관심을 받지 못한다고 생각하여 서운해하는 민지의 상황에 어울리는 말은 다음 중 어느 것인가요? (　)

① 찬밥 신세　② 손이 크다　③ 발 벗고 나서다　④ 물 쓰듯

07 · (　　　)는 엄마나 아빠한테 서운해서 속상했던 적이 있나요? (　)

① 예　② 아니요　③ 기타

열어 보기 35

교육 활동 영역

• 정서 조절

도훈이는 치과에 대한 불안감을 직접적으로 표현하지 않고 "오줌 마려워."라는 말로 회피합니다. 이처럼 감정을 직접 표현하지 않고 다른 방식으로 드러내는 것은, 정서 조절 능력이 아직 미숙하다는 것을 보여 줍니다.

• 의사소통

도훈이는 엄마에게 자신의 감정(무서움, 불안)을 정확하게 전달하지 못하고 돌려서 말합니다. 엄마와의 대화를 통해 아이는 자신의 상태나 감정을 솔직하고 정확하게 표현하는 것이 중요함을 배울 수 있습니다.

• 문제 해결

도훈이는 치과 치료라는 문제를 '안 아프니까 집에 가자'는 식으로 회피하며 해결하려 합니다. 이야기를 통해 아이는 문제를 회피하지 않고, 상황을 있는 그대로 받아들이는 태도를 배울 수 있습니다.

숨은 뜻 찾기

기본 언어 학습

- 접수하다: 병원이나 기관 등에서 진료나 일을 맡기 위해 신청하거나 이름을 올리다.
- 어이없다: 일이 너무 뜻밖이어서 기가 막히는 듯하다 또는 예상하지 못한 말이나 행동에 황당하고 말이 안 나올 정도로 당황스럽다.

관용어

- 머리를 굴리다: 어떤 상황을 피하거나 자기에게 유리하게 만들기 위해 잽싸게 생각하거나 꾀를 내는 것을 뜻한다. 도훈이는 치과에 들어가기 싫어 화장실을 핑계로 시간을 끌며 머리를 굴린다.
- 눈 가리고 아웅 한다: 다 들여다보이는 상황인데도 얕은 수로 속이려는 어리석은 행동을 뜻한다. 도훈이는 엄마가 다 알고 있는 상황에서도 이가 안 아프다고 말하며 치과에 가지 않으려 한다.

명언

- 두려움은 언제나 무지에서 샘솟는다: 두려움은 종종 정확히 알지 못하고 잘 모르는 것에서 비롯된다는 의미다. 도훈이는 치과 치료가 어떤 건지 몰라 더 무섭게 느끼고, 그 두려움을 피하려고 행동한다.

생각을 여는 지도 Tip

"넌 무서울 때 어떻게 하니?"와 같은 질문을 해 보세요. 치과에 대한 두려움을 피하려는 도훈이의 마음도 함께 이야기해 보세요. 무서움이나 걱정을 솔직하게 표현하는 방법과 불안한 상황을 이겨 내는 방법을 익히면 의사소통 능력과 문제 해결력을 기르는 데 도움이 됩니다.

그림으로 열어 보기

그림을 보고 말해요

- 이곳은 어디일까요?
- 왜 이런 표정을 짓고 있을까요?
- ○○도 치과에 가 본 적이 있나요?
- 치과에 갈 때 어떤 기분이 들까요?

열어 보기 35

교육 활동 영역: 정서 조절, 의사소통, 문제 해결

년 월 일 요일 이름: ____________

제목:

도훈이는 이가 아파서 엄마와 함께 치과에 갔어요. 치과 앞에서 엄마에게 말했어요.

"엄마, 오줌 마려워."

"그럼 화장실 다녀와. 엄마는 먼저 들어가서 접수하고 있을게."

도훈이는 치과 옆 화장실에 갔지만 오줌이 나오지 않았어요. 화장실에서 어슬렁거리는데, 엄마의 목소리가 들렸어요.

"도훈아, 빨리 안 나오고 뭐 해?"

도훈이는 화장실에서 나오며 엄마에게 외쳤어요.

"엄마, 오줌 누고 나니까 이가 하나도 안 아파. 그냥 집에 가자!"

엄마는 어이없다는 표정으로 도훈이를 쳐다보았어요.

열어 보기 35

01 • 도훈이는 왜 치과에 갔나요? (   )

① 감기에 걸려서 ② 이가 아파서 ③ 눈이 아파서 ④ 다리가 아파서

02 • 도훈이가 치과 문 앞에 도착했을 때 엄마에게 한 말은? (   )

① "엄마, 배고파."
② "엄마, 집에 가고 싶어."
③ "엄마, 오줌 마려워."
④ "엄마, 나 아프지 않아."

03 • 엄마는 도훈이가 화장실에 간 동안 무엇을 했나요? (   )

① 화장실 앞에서 기다렸다
② 먼저 집에 갔다
③ 치과에서 접수했다
④ 같이 화장실에 갔다

04 • 도훈이는 화장실에 가서 어떻게 행동했나요? (   )

① 오줌을 금방 누고 나왔다
② 화장실 안에서 어슬렁거렸다
③ 치과에 빨리 가려고 뛰어나왔다
④ 오줌을 누려고 안간힘을 썼다

05 • 도훈이가 화장실에서 어슬렁거렸던 이유는 무엇일까요?

06 • 속이 보이는 얕은 꾀로 남을 속이려 하거나, 문제를 해결하지 않고 모른 척하는 태도를 표현한 속담으로, 치과 치료를 피하려고 오줌 마렵다고 말하고 그냥 집에 가자고 하는 도훈이의 모습에 어울리는 말은 다음 중 어느 것인가요? (   )

① 아는 길도 물어 가라
② 산 넘어 산이다
③ 눈 가리고 아웅 한다
④ 발 없는 말이 천 리 간다

07 • (   )는 가고 싶지 않은 장소가 있나요? (   )

① 예 ② 아니요 ③ 기타

정답

설명 가이드

- 객관식: 보기 중에서 명확한 정답이 있는 문제입니다.
- 복수 정답: 상황에 따라 2개 이상이 모두 타당할 수 있는 경우입니다. 아이가 그중 하나를 고르면 정답입니다. 기타를 선택한 경우, 그 이유를 간략히 설명해 달라고 합니다.
- 주관식: 아이의 개별적인 경험과 생각을 바탕으로 자유롭게 작성하는 문제입니다. 아이의 말에 논리적 연결이 있다면 정답으로 봅니다.

열어 보기 1

01 ③	04 ③	07 주관식
02 ④	05 ①	
03 ②	06 ②	

열어 보기 2

01 ③	04 ③	07 주관식
02 ④	05 ①, ②, ③, ④	
03 ②	06 주관식	

열어 보기 3

01 ①	04 ②	07 주관식
02 ②	05 ③	
03 ②	06 ②	

열어 보기 4

01 ①, ③, ④	04 ③	07 주관식
02 ③, ④	05 ④	
03 ①	06 ③	

열어 보기 5

01 ④	04 ①, ②, ③, ④	07 ①, ②, ③
02 ④	05 ④	
03 ③	06 ①, ②, ③, ④	

열어 보기 6

01 ③	04 ①	07 ①, ②, ③, ④
02 ④	05 ②	
03 주관식	06 ①, ②, ③, ④, ⑤	

열어 보기 7

01 ④	04 ①	07 ①, ②, ③, ④
02 ①, ②, ③, ④, ⑤	05 ②	
03 주관식	06 ①, ②, ③	

열어 보기 8

01 ①	04 ①	07 ②
02 ②	05 ⑤	
03 주관식	06 주관식	

열어 보기 9

01 ③	04 ①, ④	07 주관식
02 ④	05 ③	
03 ②	06 주관식	

열어 보기 10

01 ①	04 ④	07 주관식
02 ④	05 ①	
03 ④	06 ④	

열어 보기 11

01 ④	04 ①, ②, ③, ④, ⑤	07 ①, ②, ③, ④, ⑤
02 ①	05 ①, ②, ③, ④	
03 ③	06 ①, ②, ③, ④, ⑤	

열어 보기 12

01 ②	04 ①	07 주관식
02 ①, ②, ③, ④, ⑤	05 ①, ②, ③, ④, ⑤	
03 ④	06 ①, ②, ③, ④, ⑤	

열어 보기 13

01 ①	04 ②	07 ①, ②, ③
02 ②	05 ②, ③, ④	
03 ①	06 ①, ②, ③, ④	

열어 보기 14

01 ②	04 ④	07 주관식
02 ④	05 ④	
03 ①, ②, ③, ④	06 ②	

열어 보기 15

01 ①	04 ②	07 주관식
02 ②	05 ①, ③, ④	
03 ④	06 ①, ②, ③, ④	

열어 보기 16

01 ①	04 ①	07 주관식
02 ③	05 ③	
03 ②	06 ③	

열어 보기 17

01 ①	04 ①, ②, ③, ④, ⑤	07 주관식
02 ④	05 ③	
03 ②, ③, ⑤	06 주관식	

열어 보기 18

01 ②	**04** ①, ②, ③, ④, ⑤	**07** ①, ②, ③
02 ①	**05** ①	
03 ②	**06** 주관식	

열어 보기 19

01 ③	**04** ②	**07** ①, ②, ③
02 ③	**05** ①, ②, ③, ④, ⑤	
03 ③	**06** ①, ②, ③, ④	

열어 보기 20

01 ②	**04** ④	**07** ①, ②, ③
02 ③	**05** ④	
03 ④	**06** ①, ②, ③	

열어 보기 21

01 ③	**04** ①, ③, ④, ⑤	**07** ①, ②, ③
02 ③	**05** ①, ②, ③, ④, ⑤	
03 ②	**06** ②	

열어 보기 22

01 ③	**04** ④	**07** 주관식
02 ②	**05** ③, ④, ⑤	
03 ④	**06** ①, ③, ④	

열어 보기 23

01 ③	04 ②	07 ①, ②, ③
02 ②	05 ①, ④, ⑤	
03 ①	06 주관식	

열어 보기 24

01 ①	04 ②, ③, ④, ⑤	07 ①, ②
02 ④	05 ①, ②, ③, ④, ⑤	
03 주관식	06 ④	

열어 보기 25

01 ①	04 ①, ②, ③, ④, ⑤	07 ①, ②, ③, ④, ⑤
02 ②	05 ①, ②, ③, ④, ⑤	
03 ③	06 ①, ②, ③	

열어 보기 26

01 ③	04 ③	07 주관식
02 ②	05 ④	
03 ①	06 ①, ②, ③, ④, ⑤	

열어 보기 27

01 ②	04 ④	07 ①, ②, ③
02 ④	05 ④	
03 ②	06 주관식	

열어 보기 28

01 ②
02 ④
03 ①, ②, ③, ④, ⑤
04 ①, ②, ③, ④
05 ①, ②, ③, ④
06 ④
07 주관식

열어 보기 29

01 ③
02 ①
03 주관식
04 주관식
05 ①, ②, ③, ④, ⑤
06 ③, ④, ⑤
07 주관식

열어 보기 30

01 ③
02 ①
03 ①, ②, ③, ④, ⑤
04 ①, ②, ③, ④, ⑤
05 ①, ②, ③, ④, ⑤
06 ①, ②, ③, ④, ⑤
07 ①, ②, ③, ④, ⑤

열어 보기 31

01 ③
02 ④
03 ②
04 ③, ④, ⑤
05 ①, ②, ③
06 ②
07 주관식

열어 보기 32

01 ②
02 ①
03 ①, ②, ③, ④, ⑤
04 ②, ③
05 ①, ②, ③, ④
06 주관식
07 ①, ②, ③, ④

열어 보기 33

01 ③	04 ④	07 주관식
02 ②	05 ①, ②, ③, ④, ⑤	
03 ①, ②, ③, ④	06 ①, ②, ③, ④, ⑤	

열어 보기 34

01 ②	04 ①, ②, ③, ④	07 ①, ②, ③
02 ①, ②, ③, ④	05 ①, ②, ③, ④	
03 ①, ②, ③, ④	06 ①	

열어 보기 35

01 ②	04 ②	07 ①, ②, ③
02 ③	05 주관식	
03 ③	06 ③	

MEMO

MEMO

MEMO

MEMO

MEMO

MEMO

MEMO

MEMO

MEMO

MEMO

MEMO

MEMO

MEMO

MEMO

저자 소개

심현미(Shim hyun mi)

세종대학교 일반대학원 특수교육학과 석사

동국대학교 일반대학원 특수교육과 박사 수료

보건복지부 2급 언어재활사

특수학교 2급 정교사

한국자격평가진흥원 1급 심리상담사

한국어교사 2급 정교사

보건복지부 임상심리사

현 제나 아동 · 청소년 상담센터 원장

〈주요 논문〉

「학령기 경계선 지적 기능을 가진 자녀의 문제행동에 대한 부모 인식과 지원 요구」(2024)

「자폐성 장애 자녀를 둔 아버지에 관한 국내 · 외 연구동향 분석」(2025)

문해력이 자라면 사회성도 자란다: 1권 열어 보기
-읽는 힘, 소통하는 힘-
As Literacy Grows, So Do Social Skills

2025년 10월 20일 1판 1쇄 인쇄
2025년 10월 30일 1판 1쇄 발행

지은이 • 심현미
펴낸이 • 김진환
펴낸곳 • ㈜학지사
04031 서울특별시 마포구 양화로 15길 20 마인드월드빌딩
대표전화 • 02-330-5114 팩스 • 02-324-2345
등록번호 • 제313-2006-000265호

홈페이지 • http://www.hakjisa.co.kr
인스타그램 • https://www.instagram.com/hakjisabook/

ISBN 978-89-997-3555-4 94370
978-89-997-3554-7 94370 (set)

정가 18,000원
(set 72,000원)

저자와의 협약으로 인지는 생략합니다.
파본은 구입처에서 교환해 드립니다.

이 책을 무단으로 전재하거나 복제할 경우 저작권법에 따라 처벌을 받게 됩니다.

출판미디어기업 학지사

간호보건의학출판 **학지사메디컬** www.hakjisamd.co.kr
심리검사연구소 **인싸이트** www.inpsyt.co.kr
학술논문서비스 **뉴논문** www.newnonmun.com
교육연수원 **카운피아** www.counpia.com
대학교재전자책플랫폼 **캠퍼스북** www.campusbook.co.kr